Hans-Wilhelm Windhorst

DIE NUTZUNG UND BEWIRTSCHAFTUNG DER WÄLDER DER ERDE

β – VIII – 3,25

A. Einführung: Der Wald als Wirtschaftsfaktor

1. Die Stellung der Wald- und Forstwirtschaft im primären Produktionssektor

Der Mensch als lebendiges Wesen hat eine Reihe von Bedürfnissen, die ihn dazu veranlassen, wirtschaftend in die ihn umgebende Natur einzugreifen. Nicht alle Güter, deren er zur Befriedigung seiner Bedürfnisse bedarf, werden ihm von der Natur in ausreichenden Mengen zur Verfügung gestellt. Dies zwingt ihn dazu, die ihm gebotenen Mittel sparsam (wirtschaftlich) zu behandeln. Die Bereitstellung dieser Güter bezeichnet man in der Volkswirtschaft als Produktion. Man kann diese in drei Sektoren unterteilen, wobei man gewöhnlich zum primären Produktionssektor Landwirtschaft, Forstwirtschaft und Fischerei zählt, zum sekundären Bergbau, Handwerk und Industrie und zum tertiären alle Dienstleistungen.

Die Aufgabe des primären Produktionssektors ist es, den Menschen mit Nahrung, Kleidung und Behausungen zu versehen. Dabei bezieht sich dies nur auf die Bereitstellung des Rohstoffes, jegliche Form der Weiterverarbeitung, also auch schon das Zersägen des Holzes, wird dem sekundären Sektor zugerechnet.

Der Anteil der Forstwirtschaft an der Gesamtwirtschaft und am Gesamtwert der primären Produktion wird häufig unterschätzt. BOESCH (1966) hat versucht, für einige Produkte einen Vergleich auf Farmbasis zu erstellen. Dabei gelangt er zu folgendem Ergebnis.

TABELLE 1: **Gesamtwert einiger primärer Produkte** (in 10 Mill. US-Dollar auf Farmbasis)

Region	Holz	Fischerei	Weizen
Europa	3 880	1 210	2 130
UdSSR	3 810	470	1 940
Nord- und Mittelamerika	3 920	490	1 200
Südamerika	1 120	350	200
Asien	3 830	3 720	3 050
Afrika	2 420	300	270
Australien und Ozeanien	250	20	270
Rest	410	250	10
Welt	19 640	6 810	9 070

Aus dieser Aufstellung wird ersichtlich, daß die forstwirtschaftliche Produktion mehr als doppelt so hoch ist wie die des Weizens und größer als der Gesamtwert von Fischerei und Weizen zusammen.

In diesem Überblick soll versucht werden, diesen Produktionszweig in seiner Eigengesetzlichkeit, seiner Verbreitung und seinen Wirtschaftsformen näher zu beleuchten und seine Stellung und Bedeutung im Rahmen der Gesamtwirtschaft zu erhellen.

2. Die Eigengesetzlichkeit der Forstwirtschaft im Vergleich zur Landwirtschaft

Will man die Forstwirtschaft gegenüber der Landwirtschaft charakterisieren, dann lassen sich folgende abweichende Kriterien anführen (J. BLÜTHGEN u. H. -W. WINDHORST 1970):

a) Die Forstwirtschaft nutzt Pflanzen, die an der betreffenden Stelle meist ein natürliches Vorkommen haben;

b) „Ernte" von Holzmasse;

c) Der Umtrieb, also der Zeitraum von der Aufforstung bis zum Einschlag, beläuft sich über mindestens zwei menschliche Generationen;

d) Eine langfristige Vorausplanung ist wegen der langen Wachstumszeiten ebenso notwendig wie die Nutzung unter Berücksichtigung der Nachhaltigkeit;

e) Die Forstwirtschaft ist in der Lage, Konjunkturflauten relativ leicht zu überdauern;

f) Wegen der langen Wachstumszeiten der Bäume ist eine Marktanpassung nur sehr schwer möglich;

g) Die Veränderung des Verkehrsnetzes bzw. der Flur- und Parzellenformen verlangt hohe Aufwandkosten;

h) Nach Krankheitsbefall, Sturmschäden und Kriegseinwirkungen verschlingen die Aufforstungen hohe Kosten;

i) Der Wald erfüllt im Gegensatz zur landwirtschaftlichen Nutzfläche eine Erholungs- und Landschaftspflegefunktion.

Gemeinsam ist beiden Produktionszweigen, daß sie zur Produktion große Flächen benötigen im Gegensatz zur Industrie und zum Bergbau, deren Verbreitung mehr punkthaft ist. Wegen der langen Wachstumszeiten ist der Flächenbedarf bei der Forstwirtschaft noch höher als bei der Landwirtschaft.

Diese Unterschiede sind es, die das Wesen der Forstwirtschaft bestimmen und die von seiten der Betriebswirtschaftslehre und der Wirtschaftsgeographie eine eigene Betrachtung erfordern. Auf seiten der Geographie befaßt sich die F o r s t g e o - g r a p h i e mit diesem Wirtschaftszweig.

B. Die pflanzengeographischen Grundlagen der Wald- und Forstwirtschaft

1. Die pflanzengeographische Gliederung der Wälder der Erde

Es scheint überflüssig zu sein, davon zu sprechen, daß Wälder das Objekt der Forstwirtschaft sind. Es ergeben sich jedoch nicht unbeträchtliche Schwierigkeiten in dem Augenblick, wo wir versuchen, den Begriff des Waldes genauer zu fassen. Es kann nicht das Anliegen dieser kurzen Darstellung sein, in diese Erörterungen einzugreifen und die verschiedenen Auffassungen wiederzugeben. Es sei hier auf die Ausführungen der Pflanzengeographie hingewiesen (SCHMITHÜSEN 1968, S. 159 ff). Es ist aber selbstverständlich, daß man bei der Betrachtung des Gegenstandsbereiches der Forstwirtschaft ohne eine Berücksichtigung dieser pflanzengeographischen Voraussetzungen nicht auskommen kann, weil es die Wälder sind, die in entscheidender Weise die wirtschaftlichen Möglichkeiten bestimmen.

Die pflanzengeographischen Elemente des Waldes kann man unter dem Aspekt der Gliederung nach Stockwerken einteilen nach Baumschicht, Unterholz und Krautschicht. Die Baumschicht selbst kann sich zusammensetzen aus an dem betreffenden Ort natürlich vorkommenden Arten, kann aber auch Fremdlinge aufweisen.

Diese drei Schichten bilden eine Lebensgemeinschaft, eine Biozönose, in der nicht nur die durch die physikalischen Zustände geschaffenen Bedingungen von Bedeutung sind, sondern auch die Wechselbeziehungen, welche erst durch die Lebensgemeinschaft selbst hervorgerufen werden.

Die Pflanzengeographie teilt die Wälder nach ihrem ökologischen Charakter, der sich im gesamten Erscheinungsbild, vor allem aber in der Belaubung ausprägt, in drei Unterklassen ein (SCHMITHÜSEN 1968): Immergrüne Wälder, Laubabwerfende Wälder und Extrem Xeromorphe Wälder. Von forstwirtschaftlicher Seite ist diese Untergliederung weniger von Interesse, weil der Gesichtspunkt der potentiellen Nutzbarkeit dabei keine Berücksichtigung findet.

2. Die forstgeographische Gliederung der Wälder der Erde

Die Pflanzengeographie bezieht sich in ihrer Unterteilung der Wälder vorwiegend auf natürliche Bestände, die jedoch vielerorts, man denke nur an die Mittelmeerländer, gar nicht mehr eindeutig von den vom Menschen umgestalteten Wäldern zu trennen sind. Aus diesem Grunde scheint es für die Darstellung besser zu sein, nicht von diesem Gesichtspunkt aus eine Gliederung der Wälder vorzunehmen, sondern die wirtschaftende Tätigkeit des Menschen als das ausschlaggebende Kriterium heranzuziehen. Wir können uns an dieser Stelle auf eine Untersuchung von WECK und WIEBECKE (1961) stützen und wollen auch deren Definition von „Wald" übernehmen (S. 5):

> **„Wald"** ist jede Pflanzengesellschaft, in der „Bäume", d. h. Pflanzen mit verholzendem Stamm, vorherrschend sind, die eine Endgröße von mindestens 5 m erreichen können, sofern diese Bäume im Reifezustand Bestände bilden, deren Schlußgrad bewirkt, daß ein Baum den Nachbarbaum im Luft- und Bodenraum noch eindeutig ökologisch beeinflußt.

Dieser verlangte Baumhöhenwert kann allerdings sowohl im polaren als auch im oberen Waldgrenzbereich unterschritten werden. Im Anschluß an diese Definition wird nun versucht, zu einer forstgeographischen Gliederung der Wälder zu gelangen. Es bietet sich dabei an, die Wälder nach dem Eingreifen des Menschen zu unterteilen. In Anlehnung an WECK (1957) ergibt sich folgende Haupteinteilung:

I. N a t u r - o d e r P r i m ä r w a l d : Hierunter versteht man Wälder, die in ihrem Standort und ihrer Bestockung vom Menschen nicht wesentlich oder nicht bleibend beeinflußt sind.

II. K u l t u r w a l d : Dies sind Wälder, die vom Menschen gestört oder gestaltet sind. Im einzelnen kann es sich dabei um Anreicherungswälder, Sekundarwälder, Nieder- und Mittelwälder, Forste und Baumplantagen zur Holznutzung handeln.

Es empfiehlt sich, den Kulturwald je nach Art der vorgenommenen Nutzung oder Bewirtschaftung noch weiter zu unterteilen:

a) A u s g e b e u t e t e r W a l d : Hierzu zählt man die Wälder, bei denen die Nutzung nur auf die Ausbeutung ausgeht und der Pflege oder der Verjüngung der Wälder keinerlei Bedeutung zugemessen wird. Das in der geregelten Forstwirtschaft bestehende Prinzip der Nachhaltigkeit findet hier keine Anwendung.

Zu den ausgebeuteten Wäldern sind die Waldgebiete zu rechnen, die der Beweidung unterliegen oder unterlagen. In ihnen wird die natürliche Verjüngung durch die dauernde Beweidung fast ganz unterbunden. Die Artenzusammensetzung ist verarmt, häufig fehlt eine Strauchschicht ganz. Ferner gehören dazu solche Wälder, in denen die selektive Exploitation (also das stammweise Herausschlagen wertvoller Hölzer) betrieben wird. Schließlich muß man unter diese Gruppe auch alle Wälder rechnen, in denen die Nebennutzungen im weitesten Sinne vorherrschen und ferner die nach Rodung, besonders nach Brandrodung, spontan nachwachsenden Sekundärwälder.

b) **N a c h h a l t i g   b e w i r t s c h a f t e t e r   W a l d   o d e r   F o r s t :** Für diese Wälder ist kennzeichnend, daß die Nachhaltigkeit der Nutzung und die Verjüngung planmäßig angestrebt werden. Man kann auch die Wälder zu dieser Gruppe rechnen, die durch den kombinierten land- und forstwirtschaftlichen Anbau entstehen.

c) **S c h u t z w a l d :** Dieser Begriff ist doppelten Inhalts. Einmal sind solche Wälder dazu zu zählen, in denen eine Nutzung vom Gesetzgeber verboten ist, weil man die Wälder in ihrem Urzustand erhalten will (z. B. das Höllbachgspreng im Böhmerwald und der Sequoia-Nationalpark in Kalifornien). Zum anderen muß man auch die Wälder dazu zählen, in denen im Interesse der Schutzfunktion für die Umgebung (Windbremsung, Frostschutz, Abflußsicherung, Lawinenschutz etc.) nur eine beschränkte Nutzung gestattet ist. Sie wirken als Subjekt schützend, die Naturschutzwälder werden als Objekt geschützt.

Diese Gliederung ist forstgeographisch sinnvoll, weil es erst hierdurch ermöglicht wird, Aussagen über Zuwachs und Ertrag zu treffen und damit zu einer Vergleichbarkeit zu gelangen, die wirtschaftsgeographisch relevant ist.

C. Die Wald- und Forstwirtschaft in ihren natürlichen Produktionsräumen

1. Die Waldverbreitung auf der Erde

Wenn man versucht, ein einigermaßen verläßliches Bild von der Waldverbreitung auf der Erde zu erstellen, sieht man sich recht bald unüberwindlichen Schwierigkeiten gegenüber, denn es gibt kaum zwei Statistiken, die auch nur annähernd gleiche Waldflächen für die Erde angeben. Dies hat seine Ursache in den unterschiedlichen Definitionen von „Wald", auf die bereits hingewiesen wurde. Je nach gewählter Definition gelangen nun die Autoren zu ganz verschiedenen Waldflächen. Es soll an dieser Stelle nicht in diese Diskussion eingegriffen werden, vielmehr sollen die drei angeführten Tabellen diese Verhältnisse beispielhaft beleuchten.

Während sich Tabelle 2 auf Kontinente bezieht, wird bei Tabelle 3 von den einzelnen Formationsklassen ausgegangen. An sich ist es ja für die Produktivität eines Waldes nicht so wichtig zu wissen, in welchem Staat oder Kontinent er gelegen ist, sondern welcher Waldformation er angehört. Deshalb wird bei der Betrachtung der Produktivität der Wälder und der Forstwirtschaft in ihren natürlichen Produktionsräumen auf diese Aufstellung von WECK zurückgegriffen. Auffallend ist, daß die hier angegebene Waldfläche beträchtlich kleiner ist als die von OBST. Der Grund ist darin zu sehen, daß WECK den Begriff „Wald" ziemlich eng faßt (vgl. S. 3), außerdem werden nur die potentiell produktiven Wälder berücksichtigt.

Von diesen beiden Zahlenwerten unterscheiden sich die Angaben der Tabelle 4 ganz beträchtlich.

TABELLE 2: **Anteil des erschlossenen, genutzten und bewirtschafteten Waldes an der Gesamtwaldfläche der Erde** (nach: OBST 1965, S. 352)

Region	Gesamte Waldfläche Mill. ha	Erschlossener Wald Mill. ha	Genutzter Wald Mill. ha	Bewirtschaf- teter Wald Mill. ha
Europa	136	133	130	41
UdSSR	743	425	350	(350)
Kanada, Alaska, USA	656	312	220	88
Lateinamerika	890	329	83	6
Afrika	801	284	108	12
Asien (ohne UdSSR)	525	311	232	52
Australien-Ozeanien	86	20	17	9
Welt	3837 100%	1814 47,5%	1140 29,7%	558 14,5%

TABELLE 3: **Die potentiell produktiven Wälder der Erde** (nach: WECK u. WIEBECKE 1961, S. 73)

Formationsklasse	Geschätzte Fläche		Geschätztes Zuwachspotential in t Trockensubstanz		
	Mill. ha	%	t / Jahr / ha	ges. ($\cdot 10^6$)	%
Äquatorialer Regenwald untere Stufe	440	18	3,5	1 540	35
Bergstufe	48	2	3,0	144	3
Monsunwälder und Feuchtsavannen	263	11	1,8	474	11
Trockensavannen und trockene Gebirgswälder der Tropen	530	21	1,0	530	12
Temperierte Regenwälder und Lorbeerwälder	20	1	7,2	143	3
Wälder der Hartlaubformation	177,5	7	1,0	178	4
Sommergrüne Wälder und Gebirgsnadelwälder	393	16	2,2	865	19,5
Boreale Nadelwälder	605,5	24	0,9	556	12,5
Summe	2477	100		4 430	100

TABELLE 4: **Die Waldfläche der Erde und der Waldanteil pro Einwohner** (nach: Yearbook of Forest Products 1969/1970, Rom 1971)

Region	Waldfläche (Mill. ha)	Einwohner (Mill.)	ha / Einw.
Europa	138,0	454,49	0,3
UdSSR	738,1	237,79	3,1
Nordamerika	713,0	222,02	3,2
Mittelamerika	71,0	87,20	0,8
Südamerika	830,0	180,59	4,6
Afrika	700,0	338,29	2,1
Asien	500,0	2 033,98	0,2
Australien-Ozeanien	253,7	18,56	13,7
Welt	3 943,8	3 572,92	1,1

Der Grund ist wohl in der sehr weit gefaßten Definition von „forested land" zu sehen, die WECK schon 1961 kritisierte, weil sie seiner Ansicht nach vom forstwirtschaftlichen Standpunkt völlig unzureichend ist. Diese Tabelle wird hier dennoch aufgeführt, weil sich die im Abschnitt G und im Anhang gegebenen Zahlenangaben auf diese Waldflächen beziehen.

2. Die potentielle Produktivität der Waldformationen und ihre Inwertsetzung

WECK unterscheidet in seiner Betrachtung über die Weltforstwirtschaft zwischen acht Formationsklassen, die er anschließend im Hinblick auf ihre potentielle Produktivität untersucht (Tabelle 3).

Die Tabelle läßt erkennen, daß 52% der produktiven Wälder der Erde zwischen den Wendekreisen gelegen sind, wobei die Regenwälder und die Trockensavannen etwa gleiche Areale bedecken. Der Gesamtzuwachs der Monsunwälder und der Feuchtsavannen ist etwa von gleicher Größenordnung wie der der Trockensavannen, obwohl sie viel kleinere Flächen einnehmen. Mehr als ein Drittel des Zuwachspotentials der Erde entfällt auf die Regenwälder der unteren Stufe, in denen der Zuwachs aber nicht, wie oft angenommen wird, seine höchsten Werte erreicht. Dieser fällt nämlich mit 7,2 t/ha/Jahr in den Temperierten Regenwäldern und Lorbeerwäldern mit mehr als 1000 mm Niederschlag mehr als doppelt so hoch aus. Da diese Wälder aber nur einen Anteil von 1% an der Gesamtwaldfläche der Erde haben, ist ihr Beitrag zum Gesamtzuwachspotential mit nur 3% ebenfalls gering.

Mit 32% des gesamten Zuwachses stellen die Borealen Nadelwälder und die Sommergrünen Wälder und Gebirgsnadelwälder etwa ein Drittel des Weltzuwachses. Obwohl die Borealen Nadelwälder allein fast ein Viertel der Weltwaldfläche ausmachen, ist wegen des geringen jährlichen Zuwachses pro Hektar und Jahr der Anteil an der Gesamtproduktion nicht so hoch wie man erwarten könnte. Wir werden später sehen, daß bei der Nutzung der Wälder ein genau umgekehrtes Verhältnis herrscht (vgl. S. 26).

Wegen ihres Artenreichtums stellen die tropischen Wälder ganz besondere Anforderungen an die Nutzung und Bewirtschaftung. Außerdem ist die verkehrsmäßige Erschließung nur in küstennahen Wäldern und an Flüssen so ausgebildet, daß das geschlagene Holz relativ leicht abtransportiert werden kann. Hier ist die selektive Exploitation weit verbreitet. Dabei werden nur die wertvollsten Hölzer herausgeschlagen. Aus folgender Aufstellung wird ersichtlich, daß eine andere Form der Nutzung in Naturwäldern kaum möglich ist, weil von den für den Export interessanten Holzarten immer nur wenige Exemplare pro Hektar vorkommen.

TABELLE 5: **Häufigkeit wichtiger Exporthölzer
in tropischen Regenwäldern der Elfenbeinküste**
(nach: WECK u. WIEBECKE 1961)

Khaya ivorensis	1 Stamm je 10 ha
Khaya anthotheca	1 Stamm je 10—22 ha
Entandophragma utile	1 Stamm je 7—8 ha
Entandophragma cylindrica	1 Stamm je 10—24 ha
Guarea cedrata	1 Stamm je 4—16 ha
Lovoa klainenana	1 Stamm je 8—14 ha
Tarrietia utilis	3—4 Stämme je 1 ha
Turreanthus africana	5 Stämme je 1 ha

Die im Anschluß an eine solche Nutzung entstehenden Verarmungsformen erreichen erst nach langer Zeit wieder ihr natürliches Ertragspotential. Weiterhin wirken die Formen der landwirtschaftlichen Nutzung (shifting cultivation; vgl. S. 10) sehr stark waldvernichtend. Von der nachhaltigen Forstwirtschaft werden bisher nur kleine Flächen bewirtschaftet, meist in gut zugänglichen Gebieten. In Südasien und Zentralafrika dringt der kombinierte land- und forstwirtschaftliche Anbau vor.

Eine Mechanisierung der Nutzung ist in diesen Waldgebieten einmal wegen des Artenreichtums nicht zu empfehlen, weil der Einsatz von Maschinen unter diesen Verhältnissen sehr schwierig ist. Außerdem erscheint sie wenig sinnvoll, weil dadurch die Zahl der Arbeitslosen eher noch erhöht wird. Der geringe Bildungsstand der Bevölkerung und das Fehlen ausgebildeter Facharbeiter lassen eine solche Art der Waldnutzung ebenfalls unangebracht erscheinen.

Von weitaus geringerer Bedeutung für die Weltforstwirtschaft sind weite Gebiete der Lorbeer- und Hartlaubwälder. Im Mittelmeerraum ist der ursprüngliche Wald im Altertum und besonders im Mittelalter vernichtet worden. Durch die starke Bodendegradierung ist eine Aufforstung mit hohen Kosten verbunden. Von Bedeutung sind hier nur einige Fruchtbäume, die aber in den wenigsten Fällen der Holzproduktion wegen gepflanzt werden. Sehr wichtig ist aber die vor allem in Nordafrika, Spanien und Portugal vorkommende Korkeiche (Quercus suber).

In Chile und Neuseeland, zwei verhältnismäßig schwach besiedelten Ländern, haben Aufforstungen mit der Weymouthskiefer (Pinus strobus) außergewöhnlich hohe Wuchsleistungen erbracht, ähnliches gilt auch für Südafrika. Mit Ausnahme von Neuseeland treten sie aber bisher wegen ihrer abseitigen Lage auf dem Welt-Holzmarkt nicht in Erscheinung. Der Export von Rundholz ist für Chile wegen des hohen Transportkostenanteils nicht rentabel. Neuseeland führt jedoch in den letzten Jahren beträchtliche Mengen Nadelrundholz nach Japan aus (vgl. Abb. 4 b auf S. 24). Eine größere Bedeutung kann die Forstwirtschaft in diesen Ländern aber nur dann erreichen, wenn es ihnen gelingt, mit Verarbeitungsprodukten auf dem Weltholzmarkt aufzutreten, was bei Südafrika durch die Ausfuhr von Gerbsäure (aus der Acacia mollissima hergestellt) schon der Fall ist. Aus diesen Wäldern wird fast der gesamte Weltbedarf gedeckt.

Die Formation der Sommergrünen Laubwälder und der Gebirgsnadelwälder liefert neben den Borealen Nadelwäldern den Hauptanteil des jährlichen Holzbedarfs. Besonders in der bäuerlichen Waldwirtschaft ist es zu einer engen Verzahnung mit der Landwirtschaft gekommen. In den Ländern mit hohen Bevölkerungsdichten und starker Industrialisierung ist Wald fast ausschließlich nur noch auf den Flächen anzutreffen, wo eine ackerbauliche Nutzung nicht rentabel ist, Naturfaktoren keine andere Nutzung zulassen, der Wald eine Schutzfunktion erfüllt, oder aus Gründen der Volksgesundheit die Erhaltung der Wälder notwendig ist.

Die Borealen Nadelwälder durchziehen die Landmassen der Nordhalbkugel in einem ununterbrochenen Gürtel. Ein im Gegensatz zu den Tropenwäldern sehr bedeutendes Charakteristikum ist die relative Einheitlichkeit der Bestände. Die Artenzahl ist sehr viel geringer, vorwiegend treten Kiefern, Fichten, Lärchen, Tannen und als Mischhölzer Birken, Aspen und Erlen auf. Aus diesem Grunde lassen sich die Wälder sehr gut großflächig nutzen und ermöglichen den Einsatz von kostspieligen Maschinen und Bringungseinrichtungen. Während die verkehrsmäßige

Erschließung in den Tropenwäldern allein zum Zwecke der Holznutzung in den wenigsten Fällen rentabel ist, ist das in diesen Wäldern völlig anders. Häufig verkauft der Staat in den Nationalforsten der USA nur unter der Bedingung das Einschlagsrecht an die Holzverarbeitungsindustrien, daß diese für einen Wegebau in die zu nutzenden Gebiete und für die Wiederaufforstung sorgen.

Die klimatischen Verhältnisse sind im Bereich der Borealen Nadelwälder für die schwere Holzfällerarbeit sehr viel günstiger, die Bevölkerung ist technisch geschult und der hohe Lebensstandard bewirkt einen großen Eigenbedarf. Außerdem ist zu berücksichtigen, daß diese Waldgebiete randlich zu den Hauptbedarfsländern gelegen sind, wodurch die Erschließung gefördert wurde und wird. Nur die Industrieländer sind in der Lage, die Kapitalkosten aufzubringen, die für die Einführung der geregelten Forstwirtschaft nötig sind. Ein weiterer Vorteil ist auch, daß die Kahlschlagnutzung hier nicht so schnell zu einer Bodendegradierung führt wie in den tropischen Regenwäldern mit ihrem hohen Niederschlagsaufkommen.

Aus all dem bisher Gesagten ist deutlich geworden, daß sich an der beherrschenden Stellung der Borealen Nadelwälder auf dem Weltholzmarkt vom Gesichtspunkt der Entwicklung der Forstwirtschaft in Zukunft kaum etwas ändern wird. Die Versorgung mit Edelhölzern für die Furnierherstellung wird allein aufgrund der natürlichen Ausstattung der Wälder weiterhin aus den tropischen Bereichen erfolgen müssen. Die Gefahr einer verstärkten Konkurrenz der Kunststoffe stellt jedoch die Rentabilität der Forstwirtschaft in diesen Gebieten vielleicht in Frage.

D. Die Nutzungs- und Bewirtschaftungsformen in der Wald- und Forstwirtschaft

Bei der Betrachtung der Nutzung und Bewirtschaftung der Wälder kann man von verschiedenen Gesichtspunkten ausgehen. Einmal ist es möglich, entsprechend der Forstwirtschaft, nach Haupt- und Nebennutzungen zu trennen. Dabei versteht man unter Hauptnutzung den Ertrag, den der Wald direkt durch das Holz seiner Bäume liefert. Man kann dabei noch als weiteres Kriterium anführen, daß dabei nur die Erträge Berücksichtigung finden, die geschlagen werden, also das Schlagholz. Darunter fallen z. B. Brennholz, Nutzholz, Wertholz, Stangenholz, Bau- und Werkholz, Grubenholz etc. Eine geographisch z. T. auffällige Rolle spielen in waldarmen Gebieten auch Christbaumkulturen. Werden andere Dinge dem Wald entnommen, die nicht direkt zum Schlagholz gehören, spricht man von Nebennutzung. Man kann aber auch versuchen, die Nutzung und Bewirtschaftung der Wälder in einem größeren Rahmen zu sehen und sie in die Wirtschaftsformen des Menschen einzuordnen, bzw. diese durch charakteristische Formen der Nutzung und Bewirtschaftung der Wälder zu ergänzen. Dabei ist zu bemerken, daß die hier getroffene Einteilung einen ersten Versuch darstellt, die Wald- und Forstwirtschaft einer solchen Gliederung zu unterziehen. Das hier vorgeschlagene Gliederungsprinzip kann noch nicht als endgültige Form angesehen werden, scheint aber zu einer wirtschaftsgeographisch sinnvollen Unterteilung zu führen (vgl. Abb. 1).

1. Sammelwirtschaft

Zur Gruppe der niederen Sammelwirtschaft rechnet man die Sammler und Wildbeuter. Sie kommen fast nur noch in Rückzugsgebieten am Rande der Ökumene vor. Ihre Sammeltätigkeit (vor allem Früchte, Blüten, Schößlinge, Insekten und kleine Tiere) ist auf den Nahrungserwerb ausgerichtet. Es handelt sich um eine reine Subsistenzwirtschaft. Die Eingriffe in den Wald sind unbedeutend.

Davon unterscheidet sich die höhere Sammelwirtschaft, wozu das Sammeln von wildem Kautschuk, Zuckersirup des Ahorns, Baumharzen, Beeren, Pilzen, Arzneipflanzen, Kork, Reisig, Streu, Nüssen, Tungöl und Gewürzen zu rechnen ist. Das Sammeln kann für den Eigenbedarf geschehen, hat aber zumeist einen Nebenerwerbscharakter und dient zur Verbesserung der wirtschaftlichen Lage. Dabei kommt es auch schon vor, daß von den Sammlern die aufgesuchten Sammelbäume und Sammelplätze gepflegt werden. Sehr leicht schädigenden Charakter hat hingegen die übermäßige Entnahme von Reisig und Streu, weil sie den Bodenbildungsprozeß nachteilig beeinflußt, zu verstärkter Erosion führt und ein Aufkommen des Jungwuchses verhindert. Der Übergang zur Raubwirtschaft ist hier fließend.

2. Raubwirtschaft

Zur Raubwirtschaft kann jegliche Nutzung des Waldes gerechnet werden, die nur auf materiellen Vorteil ausgeht und der Pflege des Waldes keinerlei Bedeutung zumißt, also das Prinzip der Nachhaltigkeit unberücksichtigt läßt. Wir werden hier zu unterscheiden haben zwischen Waldweide und Jagd einerseits und selektiver Exploitation andererseits.

Sehr schädliche Wirkungen auf das Wachstum der Bäume hat das Eintreiben von Schafen, Ziegen und Rindern in den Wald. Nicht so schädlich ist dagegen die Waldweide der Schweine. Diese Formen traten in Mitteleuropa verstärkt während der Markennutzung auf, heute noch in den Mittelmeerländern, den großen Weidegebieten der Weststaaten der USA und sehr verbreitet in den indischen Wäldern. In Australien werden noch Jahr für Jahr große Waldflächen von den Schafzüchtern abgebrannt, um mehr Weidegrund zu erhalten. Auch in England ist der Wald der Schafzucht weitgehend zum Opfer gefallen.

Bei der Jagd muß man trennen zwischen der auf Lebensunterhalt ausgerichteten Jagd der Wildbeuter und höheren Jäger und der reinen Pelztierjagd der Trapper in den Borealen Nadelwäldern. Ihre Tätigkeit wirkt sich kaum auf das Bild des Waldes aus, hat aber viel zur Erschließung der Wälder beigetragen.

Am stärksten waldvernichtend wirkt die selektive Exploitation, wenn sie rücksichtslos durchgeführt wird, wie es z. B. im Mittelwesten der USA und in vielen gut erreichbaren Gebieten der Tropenwälder geschehen ist. Bezeichnenderweise haben die Amerikaner dafür das Wort „timber mining" geprägt. Diese Art der Nutzung stand in Nordamerika unter dem Motto „cut out and get out".

Das Prinzip der selektiven Exploitation wird heute noch in großen Teilen der borealen Wälder und der Tropen- und Monsunwälder durchgeführt. Übergänge zur nachhaltigen Forstwirtschaft finden sich in den südlichen Gegenden Kanadas, in Nordeuropa, der Sowjetunion und den afrikanischen und asiatischen Tropenwaldgebieten.

3. Feld-Wald-Wirtschaften

Es ist zu berücksichtigen, daß hier die landwirtschaftliche Nutzung im Vordergrund des wirtschaftlichen Interesses steht. Am besten unterscheidet man zwischen den verschiedenen Formen in den gemäßigten Breiten und den Tropen.

Die bekannteste Form dieser Art der Bewirtschaftung ist in unseren Breiten die Haubergwirtschaft, die noch vor einigen Jahrzehnten in großem Maße im Rheinischen Schiefergebirge durchgeführt wurde (SCHMITHÜSEN 1934, MÜLLER-WILLE 1938). Dabei werden die Waldbestände (meistens handelt es sich um Stangenholz) geschlagen und gerodet. Danach werden 2—3 Jahre Roggen oder auch Buchweizen angebaut, worauf man das Feld brach fallen läßt, um eine erneute Bewaldung zu ermöglichen. Die Umtriebzeit des Waldes liegt bei etwa 10—20 Jahren. Ähnliche Formen sind auch aus Schweden bekannt, wo Roggen auf den geschlagenen oder gebrannten Flächen angebaut wurde.

In sehr viel größerem Ausmaß wird der Brandrodungsfeldbau in den Tropen ausgeübt. Er ist mit dem Hackbau verbunden, weil die Wurzelstöcke nicht gerodet werden und deshalb kein Pflügen möglich ist. Die Umtriebzeiten hängen sehr stark von der Bevölkerungsdichte, der Dichte des Waldes und dem Grad der Bodenzerstörung ab. Es können hier nicht alle Formen besprochen werden, eine Aufstellung findet sich bei MANSHARD (1968, S. 81 ff). Es sei hier nur das Chitimene-System erwähnt, welches in Zentralafrika weit verbreitet ist. Dabei wird aus einem großen Gebiet, zusätzlich zu dem stockenden Wald, Holz gesammelt und auf dem zu bebauenden Feld verbrannt. So benötigt man zum Anbau von 1 ha Fingerhirse die Asche eines Areals von 2—5 ha Miombowald. In lichten und häufig gebrannten Waldgebieten kann die zusätzlich herangezogene Waldfläche bis auf das Zwanzigfache der Anbaufläche ansteigen. Die Umtriebzeit der Wälder liegt im Durchschnitt bei etwa 20 Jahren. Es ist verständlich, daß sich bei dieser Art der Bewirtschaftung die Bevölkerungsdichte in sehr niedrigen Werten hält, etwa 2,6 E/km². Die Waldzerstörung erreicht riesige Ausmaße.

Die Brandrodungswirtschaft hat sich auch in den südasiatischen Wäldern, vor allem in Indien, verheerend ausgewirkt. Diese Waldvernichtung, die fast überall an die Wirtschaftsweise des Kleinbauerntums gebunden ist, löst immer wieder einen Teufelskreis aus. Die Wälder können durch das dauernde Abbrennen ihre Schutzfunktion nicht mehr erfüllen, wodurch die Produktivität des Bodens abnimmt. Da die Bauern kein Kapital haben, um Kunstdünger zu kaufen und der anfallende Dung der Rinder verbrannt wird, greifen sie die noch verbliebenen Wälder in verstärktem Maße an, um nicht zu verhungern. Dies muß nach und nach unweigerlich zu einer Ernährungskatastrophe führen, wenn es nicht gelingt, diesen Kreis an irgendeiner Stelle aufzubrechen. Es wäre schon viel gewonnen, wenn man die Bauern davon überzeugen könnte, daß es besser wäre, das Holz als Heizmaterial zu verwenden und den Dung auf die Felder zu bringen. Religiöse Tabus stehen aber bisher noch der Einführung einer geregelten Rinderhaltung entgegen.

4. Der kombinierte land- und forstwirtschaftliche Anbau

Eine Möglichkeit, aus diesem Teufelskreis herauszukommen, ist der kombinierte land- und forstwirtschaftliche Anbau. Diese Form der Bewirtschaftung der Wälder wurde von Dietrich Brandis, einem in englischen Diensten stehenden deutschen Forstbeamten aus Bonn, um die Mitte des 19. Jahrhunderts in Burma entwickelt. Man kann sagen, daß es sich hierbei um eine Art Dauerkultur handelt, da man über mehrere Jahre hinweg zwischen die für den Export bestimmten Nutzhölzer andere Früchte pflanzt. Es handelt sich bei den Holzarten zumeist um Mahagoni, Limba und Teak. HESMER (1966 und 1970) weist darauf hin, daß die Durchführung dieser Form der Waldwirtschaft nur in solchen Gebieten möglich ist, wo in Ballungsräumen ein Interesse besteht, die Brandrodungswirtschaft aufzugeben, und wo die Aussicht auf eine bessere Ernte auch die zusätzlichen Leistungen zur Pflege der Baumsetzlinge ermöglicht. Man bezeichnet diese Art der Wirtschaft in Südasien als Taungya-System (taung = Berg, ya = Feld). Von Südasien wurde dies System zunächst nach West- und Ostafrika übertragen, heute ist es in den Ländern Gabun, Elfenbeinküste, Kenia und Tansania schon weit verbreitet (vgl. Abbildung 1, S. 12). Meist werden dazu verarmte Sekundärwälder herangezogen, die für die forstwirtschaftliche Nutzung nicht mehr interessant sind. Zunächst wird die Fläche sorgfältiger als beim Wanderfeldbau vom alten Bestand gereinigt, wobei aber die schon vorhandenen wertvollen Holzarten geschont werden. Danach wird zwei bis drei Jahre von den Bauern das Land mit Knollenfrüchten, Bananen, Reis, Linsen, Hirse, Gemüsearten, Lein, Raps, Senf, Tabak, Baumwolle etc. bestellt. Von der Forstverwaltung werden dann kostenlos Setzlinge ausgegeben, die der Bauer auf der von ihm bearbeiteten Fläche einpflanzt. Er muß sie einige Jahre pflegen und kann zwischen den Baumreihen noch Feldfrüchte anbauen, bis der Bestandsschluß dies nicht mehr möglich macht. Der auf diese Weise entstehende Forst wird dann von der Forstverwaltung übernommen und weiterbewirtschaftet. Oftmals werden die Bauern noch für die Durchforstung, Bestandsreinigung und den Einschlag herangezogen. Umfangreiche Teakpflanzungen in Südasien und Limbaforste in Afrika sind so entstanden.

5. Die nachhaltige Forstwirtschaft

Gegen Ende des 18. Jahrhunderts ist diese Form der Waldwirtschaft in Mitteleuropa (besonders in Deutschland) entwickelt worden. Aus der Erkenntnis, daß eine Durchführung der Waldnutzung in der ursprünglichen Weise den Wald recht bald zerstört haben würde und damit die Holzverarbeitungsindustrie vollständig auf Einfuhren angewiesen wäre, ging man von seiten der Forstwirtschaft daran, Wege zu finden, um die Bewirtschaftung auf eine wissenschaftliche Grundlage zu stellen. Das Ziel dieser Art der Bewirtschaftung der Wälder ist die Nachhaltigkeit, die mit dem agrargeographischen Begriff der Fruchtfolge verwandt ist und darauf abzielt, hinsichtlich der Flächengröße, des Vorrats, Zuwachses und des Bodennährstoffhaushaltes zu einer dauernd unverminderten Leistung zu gelangen. Das Prinzip der Nachhaltigkeit hat in Mitteleuropa zu großen Erfolgen geführt, teilweise jedoch auch, wie es die großen Fichtenforste deutlich werden lassen, eine tiefgreifende Veränderung des ursprünglichen Waldbildes bewirkt. In den letzten Jahrzehnten ist die nachhaltige Forstwirtschaft auch in überseeischen Gebieten (Indien, USA, Kanada, Südamerika) vorgedrungen, nachdem es dort schon zu beträchtlichen Waldzerstörungen gekommen war. In Amerika heißt diese Form der Waldwirtschaft „timber farming" oder „forestry with sustained yield".
Auf die verschiedenen Betriebsformen kann hier nicht eingegangen werden, doch bieten sich Möglichkeiten der Differenzierung nach der Art der Verjüngung und Bestandsgründung, der Umtriebszeit, dem Produktionsziel und dem Grad der Marktabhängigkeit an. Die bekannteste Unterteilung der Forstwirtschaft selbst ist die in Hoch-, Mittel- und Niederwaldwirtschaft.

6. Protektive Waldwirtschaft

Wenngleich diese Form der Bewirtschaftung der Wälder ohne eine geregelte Forstwirtschaft nicht möglich ist, erscheint es doch sinnvoll, sie gesondert zu behandeln, weil hier nicht der Holzertrag der Wälder im Vordergrund des Interesses steht, sondern ihre Schutzfunktion. Dazu muß man alle Anlagen von Wäldern und Waldschutzstreifen rechnen, die einer verstärkten Erosion, dem Austrocknen des Landes und dem gehäuften Auftreten von Lawinen entgegenwirken sowie der Windbremsung und dem Frostschutz dienen. Hierbei handelt es sich in vielen Fällen um sehr komplexe Fragen, die von entscheidender Bedeutung für die Wirtschaft eines Landes sein können.

Daneben erfüllen viele Wälder, besonders in Randgebieten von Ballungsräumen und Industriegebieten, Erholungsfunktionen und schützen den Restbestand der dezimierten Tierwelt in den Industrieländern. Nicht zu Unrecht spricht man von den „grünen Lungen". Obwohl viele dieser Waldgebiete keine solch hohen Gewinne abwerfen wie Fichtenforste, muß doch aus Gründen der Volksgesundheit die Erhaltung dieser Wälder gefordert werden.

Abb. 1 Nutzungs- und Bewirtschaftungsformen in der Wald- und Forstwirtschaft in Afrika

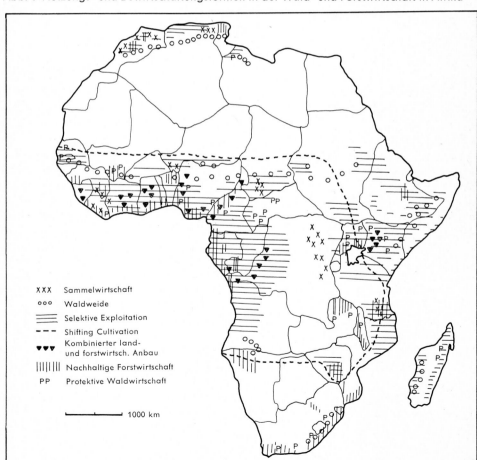

XXX   Sammelwirtschaft
ooo   Waldweide
≡≡≡   Selektive Exploitation
---   Shifting Cultivation
▼▼▼   Kombinierter land- und forstwirtsch. Anbau
|||||||| Nachhaltige Forstwirtschaft
PP   Protektive Waldwirtschaft

————— 1000 km

E. Der Einfluß der naturökologischen, anthropoökologischen und ökonomischen Faktoren auf die räumliche Ordnung der Forstwirtschaft

Es sind vor allem drei grundlegende N a t u r f a k t o r e n , die bei der forstwirtschaftlichen Nutzung der Wälder einen entscheidenden Einfluß ausüben, nämlich Boden, Klima und Pflanzenwelt. Als Standort des Waldes und gleichzeitiger Nährstoffträger bildet der Boden die Produktionsgrundlage. In seinen Eigenschaften wird er weitgehend vom Ausgangsgestein, den herrschenden Klimaverhältnissen und der Pflanzenwelt geprägt. Das eigentliche Objekt der forstwirtschaftlichen Tätigkeit des Menschen sind die Bäume, die er seinem speziellen Bedarf entsprechend auswählt und pflegt.
Es bestehen vielseitige Wechselwirkungen zwischen den einzelnen Naturfaktoren, auf die hier nicht genauer eingegangen werden kann. Es muß aber festgehalten werden, daß es vor allem die über große Räume einheitlichen Faktoren sind, die zu den verschiedenen Waldformationen führen. Daneben üben dann andere Faktoren wie Relief, hydrographische Verhältnisse, Bodenarten, Schädlinge und Waldbrände einen modifizierenden Einfluß auf die Gestalt der Wälder aus. Sie beeinflussen ebenfalls die Möglichkeiten der Nutzung und Bewirtschaftung.
Sehr stark umgestaltend wirken Waldbrände. Sie können sowohl durch Blitzschlag entstehen, als auch durch den Menschen verursacht werden. Riesige Waldbrände treten jährlich in den Waldgebieten der USA, Kanadas und der Sowjetunion auf. Einen Eindruck von den Verhältnissen in Kalifornien vermittelt folgende Aufstellung.

TABELLE 6:   **Waldbrände und ihre Ursachen in den kalifornischen Nationalforsten**
(nach: US Forest Service)

	1968	Durchschnitt 1962—1966
Waldbrände	2 032	2 002
davon verursacht durch:		
Blitzschlag	919	1 067
Menschen	1 113	935
Verbrannte Waldfläche	35 273 ha	24 430 ha

Aufschlüsselung der durch den Menschen verursachten Waldbrände 1968:

Brandstiftung	113	Erholung (Camping)	205
Landnahme	162	Rauchen	283
Forstnutzung	33	Verschiedene Ursachen	317

Da ähnliche Verhältnisse auch in den übrigen waldreichen Staaten des Westens und in Kanada bestehen, ist es erklärlich, daß jedes Jahr große Geldbeträge aufgewendet werden, um solche Katastrophen zu verhindern. Allein im Jahre 1968 waren in Kalifornien Ausgaben in Höhe von 8,5 Mill. Dollar nötig, um die Waldbrände zu bekämpfen und andere Waldgebiete zu schützen. Daneben sind dann noch der Holzverlust und die entstehenden Aufforstungskosten in Rechnung zu stellen, um einen Eindruck davon zu erhalten, welche Gefahren Waldbrände für die Forstwirtschaft bedeuten. Durch Anlage von Beobachtungstürmen, Schutzstreifen, Löschteichen, Flugplätzen etc. versucht man diesen Gefahren zu begegnen.
Die Natur äußert sich zwar hauptsächlich in der Genese, Zusammensetzung und Wirkung des Waldbestandes, beeinflußt selbstverständlich aber auch die wirtschaftende Tätigkeit des Menschen, der durch Anpflanzungen die Bestände verändern kann, was in Kulturländern mit geregelter Forstwirtschaft sogar die Norm ist. Darüber hinaus erstreckt sich die Tätigkeit des Menschen dann auf die forstliche Pflege der Wälder bis zur Endnutzung; sie ist es, die das Vegetationsbild und damit die Physiognomie des Waldes weiter differenziert.

Von den anthropoökologischen Faktoren wirken sich besonders die Besitzverhältnisse, Verwaltung, Parzellenformen, alte Nutzungsrechte, wirtschaftlicher Entwicklungsstand, Verkehrserschließung, Bildungsstand und medizinische Betreuung auf die Forstwirtschaft aus. Es ist einsichtig, daß z. B. ein großflächiger Staatsforst oder ein Industriewald anders genutzt werden als ein kleinparzellierter Bauernwald (WINDHORST 1971 a, S. 73—83). Alte Nutzungsrechte, z. B. Streuentnahme, können eine nachhaltige Forstwirtschaft erschweren. Wo der Stand der wirtschaftlichen Entwicklung niedrig ist, es an Kapital mangelt und kein ausgebautes Handelsnetz vorhanden ist, wird sich eine bedeutende Forstwirtschaft kaum entwickeln können.

Haltbarkeit und Transportfähigkeit der Produkte, die in der Landwirtschaft einen stark modifizierenden Einfluß ausüben, wirken sich in der Forstwirtschaft nicht so sehr aus. Ein nicht zu unterschätzender Vorteil ist, daß Holz unverarbeitet transportfähig ist, keiner besonderen Lagerungsvorrichtungen bedarf und sehr viel länger haltbar ist als viele landwirtschaftliche Produkte. Auch schwimmen die meisten Holzarten, wenn sie entrindet sind, wodurch sich die Transportkosten verringern und eine verkehrsmäßige Erschließung unzulänglicher Waldgebiete sich erübrigt, wenn Flößerei möglich ist.

Diesen Vorteilen stehen aber auch beträchtliche Nachteile gegenüber, die die räumliche Ordnung der Forstwirtschaft ganz entscheidend beeinflussen. Zunächst ist hier zu nennen, daß das Holz einen im Vergleich zu seinem Volumen und Gewicht geringen Wert hat und damit die Transportkosten von großer Bedeutung werden. Dazu kommt noch, daß Holz (zumindest als Rundholz) ziemlich sperrig ist und besondere Einrichtungen zum Transport notwendig macht, wie große Schlepper und Rungenwagen, lange Eisenbahnwagen, gut beschickbare Laderäume auf Schiffen und große Be- und Entladeeinrichtungen. Diese Faktoren werden dazu beitragen, daß eine Tendenz zur Verarbeitung in den Produktionsräumen besteht, um dadurch lange Transportwege mit Rundholz auszuschließen. Die verarbeiteten Produkte (Bretter, Bohlen, Zellulose, Papier) sind leichter zu transportieren und haben einen höheren Wert pro Volumeneinheit.

Die letzten Aussagen leiten über zu den ökonomischen Gesetzen, die die Gestaltung des Forstwirtschaftsraumes regeln. Hier ist zunächst das Gesetz vom abnehmenden Ertragszuwachs zu nennen. Es besagt, daß bei steigendem Aufwand von Arbeit und Kapital die Spanne zwischen Kosten und erwirtschaftetem Gewinn immer geringer wird, bis schließlich ein Punkt erreicht ist, an dem der Gewinn die aufgewendeten Mittel nicht mehr auszugleichen vermag. Die Folge davon ist, daß je nach erzieltem Preis auf dem Markt die Möglichkeiten der Bewirtschaftung der Wälder differieren. Bei der Forstwirtschaft ist noch besonders zu berücksichtigen, daß über mehrere Jahrzehnte Aufwandkosten notwendig sind, ohne daß schon verläßliche Aussagen über den später erzielten Preis gemacht werden können. Dadurch verringert sich die Möglichkeit, das Wirtschaftsrisiko einzuschätzen.

In ähnlicher Weise wie für die Landwirtschaftsgeographie läßt sich auch für die Forstgeographie ein Intensitätsgesetz (THÜNEN) erstellen, welches die Anordnung der verschiedenen Nutzungs- und Bewirtschaftungsformen erkennen läßt. THÜNEN (1826) selbst hat die Forstwirtschaft in seinem System ebenfalls berücksichtigt, sie nimmt den zweiten Ring hinter der freien Wirtschaft ein. Dies mag verwundern, ist aber aus den damaligen Verkehrsverhältnissen durchaus verständlich. Die Möglichkeiten des Holztransportes waren zu seiner Zeit sehr beschränkt, weil man nur Pferdefuhrwerke verwenden konnte und die Straßenverhältnisse sehr schlecht waren.

Die Transportkostenfrage, die zu der Dynamik des Thünenschen Systems führt, spielt auch eine entscheidende Rolle in der räumlichen Ordnung der Forstwirtschaft. Heute wirken sich jedoch anthropogene Veränderungen in der Waldverbreitung dahingehend aus, daß sich die Anordnung der einzelnen Nutzungs- und Bewirtschaftungsformen nicht mehr in so deutlicher Weise feststellen läßt. Die Durchmusterung dieser Verhältnisse zeigt aber doch charakteristische wiederkehrende Merkmale.

Die Entfernung zwischen Hofplatz und Wald beeinflußt schon beim einzelnen Betrieb (Bauernwald) die Bewirtschaftung ganz erheblich.

Während der Markennutzung hatte fast jeder Betrieb in der Nähe der Wirtschaftsgebäude einen kleinen Wald, in dem das benötigte Bau-, Möbel- und Werkholz geschlagen wurde.

Die weiter entfernt liegenden Markenwälder wurden meist nicht gepflegt und waren daher wegen der Übernutzung und Waldweide in so schlechtem Zustand, daß sie nur für den Brennholzeinschlag in Frage kamen. Aber auch in der Gegenwart lassen sich noch ähnliche Verhältnisse beim Bauernwald feststellen. So konnte gezeigt werden (WINDHORST 1971 a, S. 81—83), daß sich die Waldbaumaßnahmen im hofnahen und hoffernen Wald deutlich voneinander unterscheiden. Beim hoffernen Wald unterbleiben Durchforstungen und Bestandsreinigungen viel häufiger, auch wird in diesen Wäldern meist nur Brennholz geschlagen.

Ähnliche Erscheinungen lassen sich auch dann feststellen, wenn wir von einem Industriestaat der Nordhalbkugel ausgehen. Es leuchtet ein, daß sich die im Vergleich zur selektiven Exploitation sehr viel höhere Kosten mit sich bringende nachhaltige Forstwirtschaft nur dort durchsetzen wird, wo entweder ein hoher Bedarf vorherrscht und damit die Aufwandkosten ausgeglichen werden können, oder die Transportkosten gering sind. In Westeuropa ist der Wald vielfach dezimiert und die verbliebenen Reste vermögen den Bedarf nicht mehr zu decken (Abbildung 2, S. 16). Deshalb ist es auch möglich, die nachhaltige Forstwirtschaft zu betreiben. Der Holzpreis, der sich auf diese Weise bildet, ist in den meisten Fällen noch niedriger als für eingeführtes Holz. Die Konkurrenz der nordeuropäischen Länder, die wegen der relativ einheitlichen großen Bestände, der guten Flößmöglichkeiten und der großen Kapazitäten der Verarbeitungsindustrien immer geringere Preise fordern konnten, hat jedoch in den kleinen Waldgebieten des mitteleuropäischen Raumes die Forstwirtschaft an den Rand des Verlustgeschäftes gebracht. Es wird z. T. schon versucht, die Produktion auf andere Ziele auszurichten (z. B. Weihnachtsbäume), bzw. keinen Einschlag vorzunehmen, um durch ein geringeres Angebot den Holzpreis zu stabilisieren. Dies sind jedoch umstrittene Maßnahmen, denn es wird in den zuständigen Ministerien wohl nicht ganz zu Unrecht befürchtet, daß sich die Verarbeitungsindustrien ganz auf den Import verlegen könnten.

Die nachhaltige Forstwirtschaft tritt andererseits auch dort in größerem Umfange auf, wo nur geringe Waldbestände vorhanden sind und zur Verbesserung der Handelsbilanz und Steigerung der Marktunabhängigkeit Wiederaufforstungen vorgenommen werden (z. B. in den Ländern des Mittelmeergebietes und Südafrika). Bei Holzüberschuß (z. B. in Schweden, Finnland, Kanada) wird die nachhaltige Forstwirtschaft nur dann verbreitet auftreten, wenn ein entsprechendes Holzbedarfgebiet (BRD, England, Japan, USA) vorhanden ist, wo die Holzüberschüsse gewinnbringend abgesetzt werden können. Ist dies nicht der Fall, muß entweder zu anderen Nutzungsformen übergegangen werden, die geringere Kosten erfordern, oder die Bestände werden gar nicht genutzt und überaltern.

Als Beispiel für die Abhängigkeit von einer Vielzahl von Faktoren soll hier die Nadelrundholzausfuhr der USA im Jahre 1969 erläutert werden. Die besten Bestände finden sich in den Weststaaten und im Südosten. Wenn wir einmal die Transportkostenfrage als allein bestimmend ansehen, ist die Entscheidung über die möglichen Absatzgebiete schon gefallen. Es bieten sich als Bedarfsgebiete Europa, Kanada und Ostasien an. Nach Kanada gehen, wie Abbildung 4a (S. 24) zeigt, etwa 12% (1965 waren es etwa 25%). Japan übernimmt mehr als 85% des gesamten Exportes. Eine gute Absatzmöglichkeit sollte sich auch im waldarmen China ergeben, doch standen hier bisher politische Gründe entgegen. Wie sich die neuere politische Aktivität in dieser Hinsicht auswirken wird, bleibt abzuwarten. Der Anteil Kanadas ist seit 1965 wegen des eigenen Holzreichtums und der sich immer weiter ausbreitenden geregelten Forstwirtschaft beständig gesunken. Die europäischen Industrieländer stellen für die USA einen „schweren Markt" dar, weil Nordeuropa im Hinblick auf den Transportkostenanteil weitaus im Vorteil ist. An diesem Beispiel läßt sich sehr genau erkennen, welchen Einfluß verschiedene Faktoren auf die Gestaltung der räumlichen Ordnung der Forstwirtschaft und des Weltholzhandels haben.

Den guten Absatzmöglichkeiten steht noch ein hoher Bedarf im eigenen Lande zur Seite. Deshalb ist in den Vereinigten Staaten seit dem 2. Weltkrieg die nachhaltige Forstwirtschaft immer stärker als Form der Bewirtschaftung der Wälder aufgetreten.

Das Verhältnis von Angebot und Nachfrage kann die räumliche Ordnung sehr entscheidend beeinflussen und zu einer Abwandlung des oben dargestellten Ordnungsprinzips führen. Da es sich beim Weltholzhandel fast ausschließlich um Industrieholz handelt, Brennholz taucht fast gar nicht auf dem Weltholzmarkt auf, ist es verständlich, daß der Holzbedarf eines Landes mit dem Grade seiner Industrialisierung wächst. Dies führt dazu, daß die Industrieländer zu den Hauptabnehmern geworden sind. Von den sieben berücksichtigen Industrieländern in Tabelle 16 (S. 26) werden etwa zwei Drittel der auf dem Weltmarkt erscheinenden Forstprodukte aufgenommen. Diese Staaten weisen mit Ausnahme von Frankreich und den USA geringe nutzbare Waldflächen auf. Besonders in Westeuropa und Japan sind die Bevölkerungsdichtezahlen sehr hoch. Da diese Staaten auf die Einfuhr von Holz- und Holzprodukten angewiesen sind, kann eine Bewirtschaftung

Abb. 2 Bewaldungsdichte Europas (in % der Gesamtfläche)

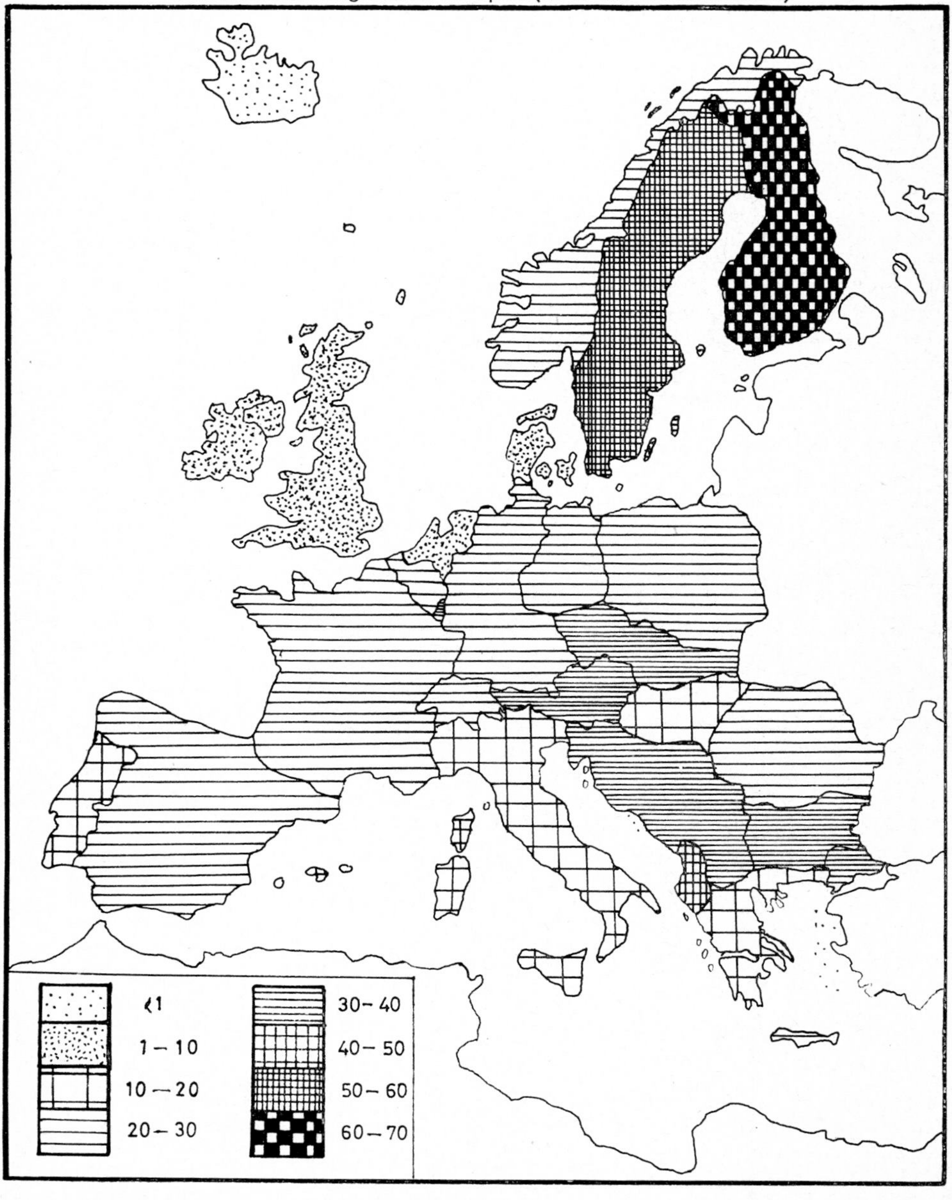

< 1	30 – 40
1 – 10	40 – 50
10 – 20	50 – 60
20 – 30	60 – 70

der Wälder in intensiver Form in solchen Gebieten durchgeführt werden, in denen sonst die Erschließungs- und Produktionskosten zu hoch wären, andernfalls käme es zu einer extensiven Nutzung, oder eine Bewirtschaftung würde völlig unterbleiben. Abbildung 4b auf S. 24 zeigt, daß Japan einen beträchtlichen Teil seines eingeführten Nadelrundholzes aus Neuseeland bezieht. Die abseitige Lage dieses Produktionsgebietes hätte eine nachhaltige Forstwirtschaft wahrscheinlich nicht erlaubt, wenn sich für Neuseeland nicht die Möglichkeit des Absatzes zu einem guten Preis nach Japan ergeben hätte. Japan selbst hat zwar umfangreiche Waldgebiete, doch sind diese vielfach schwer zugänglich. Aus den näher gelegenen Gebieten der Sowjetunion ist Nadelrundholz nicht in ausreichenden Mengen zu erhalten, deshalb wird trotz des längeren Transportweges der Hauptanteil aus Nordamerika und Neuseeland eingeführt. Sicherlich spielen auch politische Gründe mit. Hier wird erkennbar, wie durch eine große Nachfrage die Zone der intensiven Forstwirtschaft weit ausgedehnt worden ist, sogar über die Zone der selektiven Exploitation der Tropen hinaus.

Die nachhaltige Forstwirtschaft wird nicht eingeführt werden können in solchen Gebieten, in denen keine großen Geldaufwendungen möglich sind. Dies trifft einmal zu für Staaten mit geringer wirtschaftlicher Entwicklung, zum anderen für solche Waldgebiete, wo wegen des hohen Transportkostenanteils die Produktionskosten niedrig gehalten werden müssen. Für große Teile der tropischen Wälder und der borealen Waldgebiete Sibiriens und Kanadas ist dies der Fall. Eine zur Nachhaltswirtschaft hinführende Form der Bewirtschaftung ist der kombinierte land- und forstwirtschaftliche Anbau, der durch Einsatz der Bauern die Produktionskosten niedrig halten kann.

Fassen wir die gewonnenen Ergebnisse noch einmal zusammen: Die Nachhaltswirtschaft findet sich nur in Industrieländern, wo der Bedarf die aufzuwendenden Kosten ausgleicht; ebenfalls in Schutzwaldgebieten, in der Nähe von holzverarbeitenden und holzverbrauchenden Industrien und dort, wo durch die Industrieländer eine Erschließung und Bewirtschaftung der Wälder finanziert wird. In abgelegenen Randgebieten geht diese Form in die Raubwirtschaft über, weil wegen des hohen Transportkostenanteils die Produktionskosten niedrig gehalten werden müssen. Eine Zwischenstellung nimmt der moderne kombinierte land- und forstwirtschaftliche Anbau ein.

F. Die Stellung des Waldes im Landschaftsschutz und in der Raumplanung

Eine Behandlung dieses Gesichtspunktes verlangt eine kurze zusammenfassende Darstellung der Funktionen des Waldes. Man kann sagen, daß der Wald eine Nutz-, Schutz- und Erholungsfunktion hat. Zur Nutzfunktion zählt insbesondere die nachhaltige wirtschaftliche Produktion von Holz, auf die bereits ausführlich hingewiesen wurde (S. 11). Zur Schutzfunktion rechnet man die Wirkung auf das Klima, die Landschaft, den Wasserhaushalt, die Erhaltung der Bodenfruchtbarkeit sowie den Schutz von Grundstücken, Gebäuden, Anlagen, land- und forstwirtschaftlichen Kulturen, insbesondere gegen Bodenabschwemmung, Hangabrutschung, Geröllbildung, Bodenverwehung, Versanden, Austrocknung, Vernässung, Überflutung, Uferabbruch, Lawinen, Frost und Wind. Zur Erholungsfunktion gehört die Wirkung auf die Gesundheit und Erholung der Bevölkerung. Man kann also zwischen einer produktiven und protektiven Funktion des Waldes unterscheiden (MANTEL 1968, S. 1).

Die forstliche Raumplanung muß sich von drei Grundfragen leiten lassen:
1. Wieviel Wald soll vorhanden sein?
2. Wo soll der Wald vorhanden sein?
3. Welcher Wald soll vorhanden sein?

MANTEL gibt darauf folgende Antworten: Es soll soviel Wald vorhanden sein, wie zur Wahrung der Wohlfahrtswirkungen notwendig ist. Die regionale Nachfrage nach Holz ist ebenfalls maßgebend.

Der Wald soll vorhanden sein auf absolutem Waldboden, soweit er nicht für Bergbau und Industrieanlagen und Bebauung benötigt wird. Ebenfalls auf Schutzwaldstandorten, auf Schonwaldflächen, auf bisherigem Waldboden, soweit er nicht für andere Zwecke wesentlich besser geeignet ist, ebenfalls auf solchen Böden, die nicht zu anderen Zwecken besser genutzt werden können.

Als „absolute Waldböden" bezeichnet man heute solche Flächen, die wegen der Wirkung auf die Landschaft oder als „grüne Lungen" ständig mit Wald bestanden bleiben müssen.

Unter diesem Gesichtspunkt hat sich die forstliche Raumordnung nun vor allem damit zu beschäftigen, solche Gebiete auszugliedern, auf denen die protektive Wirkung vorrangig ist. Das macht vielfach strenge Verordnungen von seiten des Gesetzgebers (Landschaftsschutzgesetze) und einen Eingriff in das Privateigentum notwendig. Weniger schwierig lassen sich solche Maßnahmen dort durchführen, wo der Staat als Besitzer auftritt. Allgemeinwohl muß in solchen Fällen aber vor den wirtschaftlichen Vorstellungen des einzelnen rangieren. Gegebenenfalls kann der Staat durch finanzielle Unterstützungen und Entschädigungen Einfluß auf die Struktur der Forstwirtschaft in solchen Gebieten ausüben. Seine dirigierenden Maßnahmen sind dann im Hinblick auf die Ausprägung einer bestimmten Struktur von entscheidendem Einfluß. Wichtig ist vor allem die wissenschaftliche Forschung auf globaler Ebene, was seit einigen Jahren im Rahmen der FAO geschieht.

Die notwendige Zusammensetzung der Wälder richtet sich einmal nach dem Holzbedarf, zum anderen nach den Standortbedingungen. Durch sehr genaue Erforschung der Standortansprüche der verschiedenen Holzarten ist es gelungen, von forstlicher Seite entsprechende Vorschläge zu unterbreiten. Die Aufforstung in solchen Gebieten, in denen Waldwuchs möglich ist, birgt kaum noch Probleme.

Diese drei Grundfragen können, wie sich leicht erkennen läßt, sehr wesentlich die Ausprägung einer bestimmten räumlichen Ordnung beeinflussen.

Die Erholungsfunktion ist im Laufe der zunehmenden Industrialisierung und Verstädterung immer wichtiger geworden. Besonders in der Nähe solcher Ballungsgebiete wie sie Millionenstädte und zusammenhängende Industriegebiete darstellen, ist diese Funktion sehr viel wichtiger als die Nutzfunktion. Dieser Gesichtspunkt wird also die Verbreitung der Wälder in solchen Räumen besonders stark beeinflussen.

TABELLE 7:   **Einrichtungen und Besucher in den kalifornischen Nationalforsten 1968**
(nach: US Forest Service)

Einrichtungen (mit Anzahl)		Besucher (in Besuchertagen*)	
Zelt- und Picknickplätze	6 880	Gesamtbesuchertage	156 655 300
Plätze mit Sommerhäusern	1 936	Zelt- und Picknickplätze	35 278 500
Wintersportplätze	198	Sommerhäuser	8 143 800
Zahl der möglichen Besucher		Wenig erschlossene Gebiete	5 056 500
zu einem Zeitpunkt	514 471		
* Anm.: Besuchertag = 1 Besucher für 12 Stunden.			

In den Staatsforsten und Nationalparks der USA und Kanadas ist die Ausrichtung hierauf sehr weit gediehen. Das von den Forstbehörden veröffentlichte Zahlenmaterial macht deutlich, in welch hohem Maße diese Einrichtungen von der Bevölkerung besucht werden.

Einen Überblick über die Verhältnisse innerhalb der Nationalforsten Kaliforniens gibt Tabelle 7. Wenn man berücksichtigt, daß die Einwohnerzahl Kaliforniens im Jahre 1968 etwa 20 Mill. betrug, wird verständlich, wie stark die von der Regierung eingerichteten Zeltplätze, Camps und Wintersportplätze frequentiert werden.

Vergleicht man diese Verhältnisse mit den Staatsforstgebieten in der BRD, wird deutlich, wieviel hier noch zu tun ist, um die Waldgebiete den Menschen zu öffnen und sie an der Erholungswirkung teilhaben zu lassen. Dies sollte eine gute Möglichkeit sein, das Verhältnis des modernen Menschen zum Wald zu verändern.

G. Holzproduktion und Weltholzhandel in der Gegenwart

1. Die Entwicklung der Holzwirtschaft von 1959—1968

Bevor ein Überblick über den Stand der Holzproduktion und den Weltholzhandel im Jahre 1969 gegeben wird, soll zunächst die Entwicklung der Holzwirtschaft seit 1959 kurz beleuchtet werden, um Vergleichsmöglichkeiten zu haben.

Aus Tabelle 2, die einen guten Mittelwert zu geben scheint, war ersichtlich geworden, daß nicht einmal die Hälfte der Wälder erschlossen ist, weniger als 30% genutzt und erst ein Siebtel der Waldfläche bewirtschaftet werden. Die Angaben für die erschlossenen und genutzten Waldflächen dürften sich inzwischen erhöht haben, weil der zunehmende Holzbedarf in den sechziger Jahren und die Ausbreitung der geregelten Forstwirtschaft weitere Erschließungen in den Borealen Nadelwäldern und Tropenwaldgebieten nötig und möglich machten. Auch die bewirtschaftete Fläche dürfte beträchtlich angestiegen sein, besonders in einigen Tropengebieten (Südasien, Afrika), Nordeuropa, Kanada und dem europäischen Teil der Sowjetunion. Es fehlen jedoch darüber bisher noch verläßliche Angaben. In einigen Tropengebieten ist durch den kombinierten land- und forstwirtschaftlichen Anbau die Fläche der bewirtschafteten Wälder beträchtlich ausgedehnt worden, wie die Untersuchungen von HESMER (1966 und 1970) gezeigt haben.

In welcher Weise sich in diesem Zeitraum der Gesamtholzeinschlag entwickelt hat, zeigt Abbildung 3. Die geringsten Einschläge wurden und werden in Mittelamerika und im pazifischen Raum vorgenommen. Hier stagnieren seit 1959 die Mengen ganz offensichtlich. In Afrika und Südamerika haben sich die Einschlagmengen etwa in gleicher Weise erhöht. Sie liegen beträchtlich über 200 Mill. m³ im Jahr. Die Entwicklung in Europa ist nach Höhepunkten in den Jahren 1961 und 1964 rückläufig. An der Spitze des Gesamteinschlages steht weiterhin Nordamerika, das sich anschickt, 450 Mill. m³ im Jahr einzuschlagen. Die Entwicklung ist bei weitem nicht so einheitlich wie in Asien, das nach einem leichten Rückgang im Jahre 1962 deutlich eine aufstrebende Tendenz erkennen läßt und nur noch wenig unter dem Einschlag Nordamerikas liegt. Auch in der UdSSR ist die Entwicklung sehr uneinheitlich. Nach einem Tiefstand im Jahre 1961 kam es zwar wieder zu einem Anstieg, doch liegt auch 1968 die Einschlagmenge noch deutlich unter der von 1959.

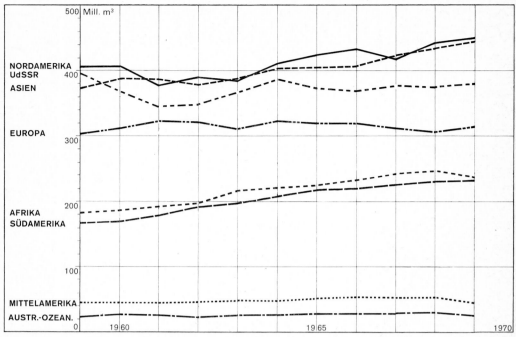

Abb. 3 Die Entwicklung des Gesamtholzeinschlages 1959—1969
(nach: Yearbook of Forest Products 1969/70, Rom 1971)

In welcher Weise sich in den Jahren von 1956 bis 1968 die Handelsbilanz mit Forstprodukten in den einzelnen Regionen entwickelt hat, zeigt die folgende Tabelle.

TABELLE 8:   **Handelsbilanz mit Forstprodukten (1956—1968)**
(nach: Yearbook of Forest Products)

Region	Forstprodukte in Millionen US-Dollar		
	1956	1964	1968
Europa	— 96	— 964	— 1 405
UdSSR	+ 108	+ 431	+ 536
Nordamerika	+ 295	+ 627	+ 1 126
Lateinamerika	— 227	— 207	— 330
Afrika	— 57	+ 120	— 15
Asien	— 107	— 371	— 998
Australien-Ozeanien	— 98	— 99	— 143

Es läßt sich folgendes festhalten: Holzproduktion und Holzhandel sind beträchtlich angestiegen, vor allem die Einfuhr der Industrieländer. Europa und Asien (besonders Japan) sind die bedeutendsten Holzmangelgebiete, Nordamerika und die UdSSR die Holzüberschußgebiete der Erde. Die Stagnation Lateinamerikas und des austral-ozeanischen Raumes im Hinblick auf die Holzproduktion ist bezeichnend. Auffallend ist ebenfalls die geringe Rückläufigkeit in der UdSSR, während alle anderen Regionen steigende Einschlagsmengen aufweisen.

2. Die Holzproduktion im Jahre 1969

Nach der gerafften Darstellung der Entwicklung der Holzwirtschaft bis 1968 soll in den folgenden Abschnitten versucht werden, einen Überblick über die Holzproduktion im Jahre 1969 zu erstellen. Es wird dabei getrennt nach Nadel- und Laubholz.

TABELLE 9: **Nadelholzeinschlag im Jahre 1969**
(nach: Yearbook of Forest Products)

Region	Angaben in 1000 m³			% vom Gesamt-einschlag
	Industrieholz	Brennholz	Gesamt	
Europa	177 712	10 704	188 416	18,2
UdSSR	256 620	58 800	315 420	30,4
Nordamerika	343 571	5 674	349 245	33,7
Lateinamerika	21 499	16 698	38 197	3,6
Afrika	5 043	3 104	8 147	0,8
Asien	61 159	67 454	128 613	12,3
Australien-Ozeanien	10 087	453	10 540	1,0
Welt	875 691	162 887	1 038 578	100,0

Aus dieser Aufstellung ist zu ersehen, daß über 80% des Weltnadelholzeinschlages in Europa, der UdSSR und Nordamerika erfolgen, wobei die Sowjetunion und Nordamerika jeweils etwa ein Drittel des Einschlages stellen. Mit Ausnahme von Asien, welches noch etwa 12% des Nadelholzes einschlägt (davon entfallen nach inoffiziellen Schätzungen etwa zwei Drittel auf Rotchina), sind alle anderen Regionen ohne Bedeutung. Um dieses Bild etwas deutlicher zu machen, sind in der folgenden Tabelle die 15 wichtigsten Nadelholzproduzenten der Erde erfaßt. Die dominierende Stellung der Länder, die Anteil am borealen Nadelwaldgürtel haben, wird daraus sehr gut erkennbar.

TABELLE 10: **Die 15 wichtigsten Produktionsländer für Nadelrundholz 1969 (in 1000 m³)**
(nach: Yearbook of Forest Products)

Land	Industrieholz	Brennholz	Gesamt
UdSSR	256 620	58 800	315 420
USA	243 127	4 106	247 233
Kanada	100 444	1 568	102 012
China	24 180	52 000	76 180
Schweden	44 985	1 400	46 385
Finnland	28 400	1 400	29 800
Japan	27 892	49	27 941
Brasilien	11 220	11 500	22 720
BRD	17 454	418	17 872
Polen	13 811	943	14 754
Frankreich	12 922	1 000	13 922
Österreich	9 830	491	10 321
ČSSR	9 262	720	9 982
Türkei	3 797	5 705	9 502
Neuseeland	7 621	453	8 074
Welt	875 691	162 887	1 038 578

Es ist zu erwarten, daß sich beim Laubholzeinschlag ein anderes Bild bietet, was allein schon bedingt ist durch die Verbreitung der Waldformationen auf der Erde. Wie Tabelle 11 zeigt, liegt der Anteil Europas mit 11,3% etwa 7% niedriger als beim Nadelholzeinschlag. Lateinamerika, Afrika und Asien stellen die größten Anteile mit zusammen 72,1%, wobei allein auf Asien mehr als ein Viertel entfällt. Auffallend ist der außergewöhnlich hohe Anteil des Brennholzes in den Regionen mit der höchsten Produktion. In Lateinamerika entfallen nur etwa 10% des Gesamteinschlages auf Industrieholz, in Afrika 12% und in Asien 28%. Nur in Nordamerika liegt der Brennholzanteil weit unter dem des Industrieholzes. In Europa ist der Anteil des Industrieholzes mit etwa 56% nur wenig höher als der des Brennholzes.

TABELLE 11:   **Laubholzeinschlag 1969**
(nach: Yearbook of Forest Products 1969/70, Rom 1971)

Region	Angaben in 1000 m³			% vom Gesamt-einschlag
	Industrieholz	Brennholz	Gesamt	
Europa	71 670	54 723	126 393	11,3
UdSSR	33 280	31 700	64 980	6,0
Nordamerika	79 188	19 597	98 785	9,2
Lateinamerika	24 055	205 016	229 071	21,0
Afrika	29 363	230 164	259 527	23,1
Asien	88 846	222 323	311 169	28,0
Australien-Ozeanien	9 738	6 518	16 256	1,4
Welt	336 140	770 041	1 106 181	100,0

Eine Aufstellung der 15 wichtigsten Produktionsländer für Laubrundholz zeigt, daß hier die Länder, die Anteil an den tropischen Regenwaldgebieten und den Sommergrünen Laub- und Mischwäldern haben, ganz deutlich dominieren. Einen Platz unter den Haupterzeugerländern nimmt auch hier wiederum die USA ein, die damit zum wichtigsten Rundholzproduzenten überhaupt wird.

TABELLE 12:   **Die 15 wichtigsten Produktionsländer für Laubrundholz 1969 (in 1000 m³)**
(nach: Yearbook of Forest Products 1969/70, Rom 1971)

Land	Industrieholz	Brennholz	Gesamt
Brasilien	10 860	133 500	144 360
Indonesien	7 593	93 300	100 893
China	14 820	78 000	92 820
USA	72 499	16 426	88 925
UdSSR	33 280	31 700	64 980
Nigeria	1 920	53 315	55 235
Kolumbien	3 215	22 000	25 215
Japan	18 326	5 321	23 647
Indien	7 660	14 520	22 180
Sudan	1 092	19 890	20 982
Äthiopien	956	19 000	19 956
Frankreich	11 924	5 735	17 659
Rumänien	9 450	6 756	16 206
Finnland	6 200	7 200	13 400
Jugoslawien	5 447	7 112	12 559
Welt	336 140	770 041	1 106 181

3. Der Weltholzhandel mit Rundholz im Jahre 1969

War beim vorangehenden Abschnitt die gesamte Holzproduktion der Erde berücksichtigt worden, also der Bereich, der streng genommen dem primären Produktionssektor zuzurechnen ist, so soll hier versucht werden, einen Überblick über den Handel mit unbearbeitetem Holz zu geben. Dabei wird wiederum nach Laub- und Nadelholz getrennt werden.

TABELLE 13: **Hauptexport- und Hauptimportländer von Nadelrundholz 1969**
(in 1000 m³; nach: Yearbook of Forest Products 1969/70, Rom 1971)

Export		Import	
USA	10 495,7	Japan	15 250,0
UdSSR	6 158,3	Kanada	1 312,6
Neuseeland	1 660,5	Italien	854,4
Kanada	430,2	Ungarn	656,5
Schweden	232,9	BRD	454,6
BRD	227,7	Finnland	312,7
Britisch Salomonen	205,6	Bulgarien	299,0
ČSSR	192,1	Südkorea	228,0
Schweiz	160,4	USA	188,8
Frankreich	160,1	Norwegen	126,7
	19 923,5		19 683,3

TABELLE 14: **Hauptexport- und Hauptimportländer von Laubrundholz 1969**
(in 1000 m³; nach: Yearbook of Forest Products 1969/70, Rom 1971)

Export		Import	
Philippinen	8 649,0	Japan	17 497,0
Sabah	6 187,0	Südkorea	2 422,0
Indonesien	3 796,3	Italien	1 999,8
Elfenbeinküste	3 525,4	BRD	1 919,2
Sarawak	3 061,4	Frankreich	1 817,6
Westmalaysia	1 862,3	Singapur	1 669,9
Gabun	1 592,4	Taiwan	1 193,3
Ghana	697,0	Belgien/Luxemburg	453,4
Frankreich	690,2	Holland	408,2
Kongo-Brazzaville	609,0	Kanada	387,3
	30 670,0		29 767,7

Eine überraschende Feststellung dürfte sein, daß die zehn berücksichtigten Länder jeweils über 90% der Ex- bzw. Importe stellen, woraus erkennbar wird, daß nur wenige Länder den Weltrundholzmarkt beherrschen. Mit weitem Vorsprung stehen beim Export von Nadelrundholz die Vereinigten Staaten und die Sowjetunion an der Spitze, die zusammen schon über 80% der Exporte stellen. Neuseeland, welches den dritten Platz einnimmt, bringt nur noch etwa ein Sechstel des Anteils der USA auf den Weltmarkt. Frankreich und die Schweiz schließlich nehmen mit je 160 000 m³ den 9. und 10. Platz ein und liefern jeweils etwa 1%.

Mit etwa 70% des gesamten Importes von Nadelrundholz nimmt Japan eine unangefochtene Spitzenstellung ein. Dies macht aber zugleich deutlich, in welchem Umfange Japan auf diese Einfuhren angewiesen ist. Es überrascht, daß Kanada trotz seiner großen Holzreserven als zweitgrößter Käufer auf dem Markt erscheint, eine Feststellung, die auch für Finnland zutrifft. Der Grund liegt in den riesigen Kapazitäten der Holzverarbeitungsindustrien, für die aus den bisher erschlossenen Wäldern keine ausreichenden Holzmassen bereitgestellt werden können.

Ein ähnliches Bild, wenngleich nicht mit der gleichen Dominanz wie beim Nadelrundholz, bietet Tabelle 14. Zwar liegt der Anteil der zehn berücksichtigten Staaten hier ebenfalls bei etwa 90% des Gesamthandels, doch verteilen sich die Holzmengen gleichmäßiger, sowohl was den Ex- als auch den Import betrifft.

Bei den Exportländern dominieren Südostasien und Zentralafrika, aus Europa kann sich hier nur Frankreich einreihen. Der hohe Anteil der Philippinen rührt sicherlich daher, daß die USA während ihrer Herrschaft die Holzwirtschaft beträchtlich gefördert haben. Die Elfenbeinküste und Gabun sind erst in den letzten Jahren an diese bedeutende Stelle gerückt, wobei besonders die Produktion der Elfenbeinküste dauernd kräftig ansteigt. Hier wie auch in Gabun und Nigeria wird in Zukunft mit Hilfe des kombinierten land- und forstwirtschaftlichen Anbaus die Produktion sicherlich noch beträchtlich zu steigern sein.

Ebenso wie beim Nadelrundholz steht auch bei der Einfuhr von Laubrundholz Japan mit etwa 55% der Gesamteinfuhr deutlich an der Spitze. Gefolgt wird es von Südkorea (7%), der Bundesrepublik, Frankreich, Italien und Singapur mit je etwa 6%. Fünf der zehn berücksichtigten Länder sind in Westeuropa gelegen. Frankreich kann als einziges Land seinem Import auch einen bedeutenden Export entgegenstellen und damit etwa die Hälfte der Kosten ausgleichen. Als Käufer ist in den letzten Jahren Südkorea immer bedeutender geworden.

Abb. 4 Rundholzein- und -ausfuhr ausgewählter Länder 1969 (in 1000 m³)
Quelle: Yearbook of Forest Products 1969/70, Rom 1971

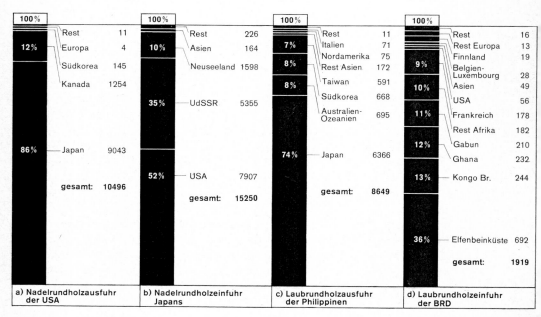

a) Nadelrundholzausfuhr der USA
b) Nadelrundholzeinfuhr Japans
c) Laubrundholzausfuhr der Philippinen
d) Laubrundholzeinfuhr der BRD

Zu den beiden bereits analysierten Diagrammen (Abbildungen 4a, b) soll hier an zwei weiteren verdeutlicht werden, welche Richtungen Ex- und Importe nehmen.

Aus Abbildung 4c ist die Zusammensetzung der Laubrundholzausfuhr der Philippinen zu ersehen.

Ein Vergleich mit Tabelle 14 läßt erkennen, daß die Philippinen über 38% der japanischen Einfuhr stellen. Neben den asiatischen Ländern sind nur noch Austral.-Oz., Italien und Nordamerika von Bedeutung für die Ausfuhr. Der geringe Anteil der USA ist überraschend, weil die Holzwirtschaft durch sie sehr stark gefördert wurde. Abbildung 4d zeigt, daß die Bundesrepublik aus einer großen Anzahl von Ländern Laubrundholz einführt. Auch hier macht sich die Verkehrslage der Erzeugerländer bemerkbar, was sich in der Dominanz der europäischen und afrikanischen Länder zeigt. Die Marktabhängigkeit von einem Handelspartner ist bei der BRD nicht so stark wie bei Japan, wenngleich die afrikanischen Länder deutlich dominieren.

Diese vier Diagramme verdeutlichen, daß sich der Holzhandel hauptsächlich zwischen wenigen Ländern abspielt (jedenfalls was den prozentualen Anteil am Gesamtwert angeht).

4. Der Gesamtwelthandel mit Forstprodukten im Jahre 1969

Wenn zum Abschluß dieser Darstellung noch kurz auf den Gesamtwelthandel mit Forstprodukten eingegangen wird, dann deshalb, um festzustellen, ob die beim Rundholz erkannten Verhältnisse auch für den Handel mit Forstprodukten in ihrer Gesamtheit zutreffen.

Wie steht es mit der Handelsbilanz in den einzelnen Regionen im Jahre 1969?

TABELLE 15:   **Handelsbilanz mit Forstprodukten 1969 (in 1000 US-Dollar)**
(nach: Yearbook of Forest Products 1969/70, Rom 1971)

Region	Export	Import (in 1000 US-Dollar)	Bilanz
Europa	5 631 065	7 242 080	— 1 611 015
UdSSR	737 566	165 269	+ 572 297
Nordamerika	4 217 332	2 968 253	+ 1 249 079
Lateinamerika	240 634	620 977	— 380 343
Afrika	432 381	428 677	+ 3 704
Asien	1 363 934	2 493 579	— 1 129 645
Australien-Ozeanien	94 391	245 734	— 151 343
Welt	12 717 303	14 164 569	— 1 447 266

Die Tendenz des Jahres 1968 ist im allgemeinen erhalten geblieben. Das Defizit Europas hat um etwa 15% zugenommen, die Gewinne Nordamerikas um 10%, der UdSSR um 8—9%, die Defizite Lateinamerikas sind um etwa 15%, Asiens um 13—14% und Austral.-Oz. nur um 3% gestiegen. Letzteres ist wohl bedingt durch die sehr schnelle Entwicklung der Forstwirtschaft in Neuseeland, die immer größere Holzmengen bereitstellen kann.

Afrika verzeichnet wieder einen Gewinn von 3,7 Mill. Dollar und hat damit offensichtlich den Tiefpunkt von 1968 überwunden. Auffallend ist in dieser Region (vgl. Tabelle 8) jedoch die sehr große Schwankungsbreite im Vergleich zu den anderen Regionen.

Versucht man nun in einer Aufstellung die Länder gegenüberzustellen, die den größten Anteil am Handel mit Forstprodukten haben (Ex- und Import), dann ergibt sich folgendes Bild.

TABELLE 16: **Die Hauptausfuhr- und Haupteinfuhrländer für Forstprodukte 1969**
(nach: Yearbook of Forest Products 1969/70, Rom 1971)

Hauptausfuhr-länder 1969	Wert (in 1000 US-Dollar)	% des Welt-handels	Haupteinfuhr-länder 1969	Wert (in 1000 US-Dollar)	% des Welt-handels
USA	2 704 156		USA	2 714 102	19,1
Kanada	1 513 176	35,5	Japan	1 535 167	10,8
UdSSR	737 566	5,8	Großbritannien	1 624 096	
Schweden	1 365 613		BRD	1 345 212	
Finnland	1 145 958		Frankreich	827 158	
BRD	473 051		Italien	697 792	
Österreich	335 018		Holland	575 007	35,8
Frankreich	334 808				
Norwegen	282 212	30,8	Welt	14 164 569	65,7
Japan	315 717	2,5			
Welt	12 717 303	74,6			

Bei den Ausfuhrländern stehen die Vereinigten Staaten, Kanada, Schweden und Finnland an der Spitze. Hier wird erkennbar, daß vor allen Dingen die Ausfuhr von verarbeiteten Produkten im Hinblick auf den Gesamtwert des Handels von Bedeutung ist.

Bei den Einfuhrländern stehen die USA, Großbritannien, Japan und die BRD an der Spitze, gefolgt von Frankreich, Italien und Holland. Trotz der sehr hohen Rundholzeinfuhren hat Japan nur einen Anteil von 10,8% am Gesamtwert der Holzeinfuhren. Es läßt sich erkennen, daß Japan zwar große Mengen unbearbeiteten Holzes einführt, dies aber im Gegensatz zu Verarbeitungsprodukten nicht so stark ins Gewicht fällt.

Die zehn berücksichtigten Ausfuhrländer stellen über 70% der Gesamtausfuhr, wobei der Anteil Nordamerikas mehr als und der Europas nicht ganz ein Drittel beträgt.

Etwa zwei Drittel der Gesamteinfuhr entfallen auf die sieben berücksichtigten Länder, wodurch wiederum bestätigt wird, daß sich der Welthandel mit Holzprodukten auf wenige Länder konzentriert, nur daß hier die Industrieländer eindeutig dominieren.

1969 hat der Wert der Holzprodukte mit 48,4 Mrd. US-Dollar einen neuen Höchststand erreicht (Tab. 17). Er liegt 43% über dem Wert von 1960. Es läßt sich erkennen, daß der höchste Produktionswert auf Zelluloseprodukte entfällt. Den stärksten relativen Anstieg verzeichneten jedoch Furniere, Sperrholz und Spanplatten. Langsamer geht die Zunahme beim verarbeiteten Holz voran, sie beträgt seit 1960 nur 21%.

TABELLE 17: **Gesamtwert der Weltholzproduktion (1950—1969)** (in Mrd. US-Dollar)
(nach: Yearbook of Forest Products 1969/70, Rom 1971)

	1950	1960	1965	1969
Verarbeitetes Holz	10,3	13,5	15,1	16,3
Tafelholz	1,0	2,7	4,4	6,0
Zelluloseprodukte	8,7	12,2	16,2	20,7
Andere Holzprodukte	3,9	5,5	5,3	5,4
Gesamtwert	23,9	33,9	41,0	48,4

H. Ausblick: Die Zukunft der Wälder

Von entscheidendem Einfluß auf die zukünftige Verbreitung, Gestaltung und Funktion der Wälder ist, was die vorausgegangenen Erörterungen deutlich gezeigt haben, in den Industrieländern sicherlich die Raumplanung. Sie wird maßgeblichen Anteil daran haben, daß Waldbestände überall dort vorhanden bleiben, wo sie Schutzfunktionen und Wohlfahrtswirkungen erfüllen. Es wird eine wichtige Aufgabe dieser Staaten sein, auch in den tropischen Waldgebieten diese Grundsätze durchzusetzen, um Schäden zu vermeiden, die in vielen Neusiedelländern bereits gehäuft aufgetreten sind. WECK (1957, S. 111—112) weist mit allem Nachdruck gerade darauf hin, wenn er sagt: „Völker, die sich nicht rechtzeitig dazu aufraffen können, eine auf wissenschaftlich gegründete Raumplanung aufbauende Raumordnung durchzusetzen, stehen vor der Gefahr, recht plötzlich von der grausamen Erkenntnis geweckt zu werden, daß weder die landwirtschaftliche Ernährungsbasis noch die natürlichen Grundlagen für eine gewerbliche Wirtschaft zur Erhaltung des Volkes ausreichen." Diesen Staaten muß von denjenigen mit entwickelter Forstwirtschaft Unterstützung zugehen, denn eine überregionale Planung und Abstimmung ist notwendig, weil sich Maßnahmen in einem Waldgebiet auf benachbarte Räume auswirken.

Zu einer Veränderung wird es wahrscheinlich hinsichtlich der Verwendung des geschlagenen Holzes kommen. Es ist damit zu rechnen, daß Holz als Brennstoff, Baumaterial und zur Energieerzeugung kaum noch verwendet werden wird, jedoch als Rohstoff der chemischen Industrie immer größere Bedeutung erlangt. Die Herstellung von Papier, Zellwolle, Zellulose etc. wird mit wachsender Bevölkerung ebenfalls zunehmen, so daß es in Zukunft wohl nicht mehr vertretbar sein wird, Holz für Heizzwecke und durch Verbrennen zur Düngung des Bodens zu vergeuden. An der Notwendigkeit der Wälder für das Wohlergehen der Menschheit und die Erhaltung der Produktivität der landwirtschaftlichen Nutzflächen kann jedoch nicht gezweifelt werden. Mit dem Problem der Luftverschmutzung wird die Menschheit ebenfalls nur dann fertigwerden, wenn sie erkennt, daß dabei die Erhaltung der Wälder im bisherigen Ausmaß eine Bedingung ist.

Tabellenanhang

Die folgenden Tabellen beruhen bis 1968 auf dem Yearbook of Forest Products 1969, Rom 1970. Die Zahlen für 1969 entstammen dem Yearbook of Forest Products 1969/70, Rom 1971. Bei den Zahlenangaben für das Jahr 1969 kann es sich teilweise um vorläufige Werte handeln, besonders was die Entwicklungsländer angeht. Sie erfahren häufig durch das nächstfolgende Yearbook mehr oder weniger starke Korrekturen. In einigen Tabellen sind für 1969 noch einmal die Zahlenwerte für 1968 übernommen worden, weil offensichtlich keine neueren Zahlenangaben vorliegen, dies gilt besonders für die Staaten mit zentral geplanter Wirtschaft.

TABELLE 18: **Welterzeugung an Zeitungspapier 1959—1969** (in 1000 t)

Land	1959	1960	1961	1962	1963	1964	1965	1966	1967	1968	1969
Europa	3 771	4 194	4 313	4 293	4 351	4 716	4 959	5 184	5 181	5 425	5 682
UdSSR	401	434	493	541	563	633	744	882	966	1 016	1 016
Asien	1 035	1 111	1 205	1 354	1 516	1 643	1 692	1 723	1 901	2 100	2 322
Afrika	—	—	19	35	44	45	59	87	90	92	95
Nordamerika	7 507	7 886	7 958	7 954	8 047	8 664	8 981	9 868	9 678	9 804	10 822
Südamerika	139	149	156	155	188	223	248	263	267	274	271
Australien-Ozeanien	165	181	182	207	262	281	293	281	297	297	333
Welt	13 018	13 955	14 326	14 539	14 971	16 205	16 976	18 288	18 280	19 008	20 541

TABELLE 19: **Die zehn wichtigsten Industrieholzproduzenten der Erde 1967—1969**
(in 1000 m³)

Land	1967	1968	1969
USA	294 245	309 821	315 626
UdSSR	286 900	289 900	289 900
Kanada	102 736	107 133	107 133
Japan	51 813	48 342	46 218
China	37 100	38 000	39 000
BRD	25 149	22 276	25 035
Brasilien	19 950	21 200	22 080
Rumänien	15 637	15 978	15 978
Philippinen	10 184	11 337	12 049
Australien	11 328	11 426	11 265
Welt	1 164 856	1 190 589	1 211 831

TABELLE 20: **Die zehn wichtigsten Sägeholzproduzenten der Erde 1967—1969** (in 1000 m³)

Land		1967	1968	1969
UdSSR	Nadelholz	92 650	93 750	95 490
	Laubholz	16 350	16 550	16 850
USA	Nadelholz	65 783	71 326	69 764
	Laubholz	17 466	17 056	18 595
Japan	Nadelholz	30 139	31 467	32 450
	Laubholz	7 867	8 875	9 107
Kanada	Nadelholz	23 347	25 162	25 677
	Laubholz	1 393	1 364	1 392
Schweden	Nadelholz	9 981	11 164	11 405
	Laubholz	220	257	254
BRD	Nadelholz	6 891	7 256	7 497
	Laubholz	1 862	1 695	1 928
Frankreich	Nadelholz	5 214	5 313	5 313
	Laubholz	3 123	3 191	3 191
Polen	Nadelholz	5 973	6 203	6 151
	Laubholz	947	994	982
Finnland	Nadelholz	5 676	5 882	6 536
	Laubholz	112	117	112
Österreich	Nadelholz	4 590	4 578	5 021
	Laubholz	235	200	194
Welt	Nadelholz	289 844	302 858	306 787
	Laubholz	87 665	89 234	94 048

TABELLE 21: **Weltexporte der wichtigsten Forstprodukte 1960—1964—1968**

Produktionsgruppe	Produktionsmenge in Mill. m³			Produktionswert in Mill. US-Dollar		
	1960	1964	1968	1960	1964	1968
Rundholz	35,6	49,5	70,9	623	875	1 445
Sägeholz	69,0	84,4	92,2	1 612	2 000	2 251
Tafelholz	6,1	9,8	16,7	400	628	930
Zellulose	43,7	56,1	73,6	1 199	1 566	1 825
Papier und Pappe	33,4	42,5	62,2	1 999	2 501	3 391
Gesamt	187,8	242,3	315,6	5 833	7 570	9 842
	Indexwerte					
Rundholz	100	139	199	100	140	232
Sägeholz	100	122	134	100	124	140
Tafelholz	100	161	274	100	157	232
Zellulose	100	128	168	100	131	152
Papier und Pappe	100	127	186	100	125	170
Gesamt	100	129	168	100	130	169

TABELLE 22: **Welterzeugung an Sägeholz 1959—1969** (in 1000 m³)

Land		1959	1960	1961	1962	1963	1964	1965	1966	1967	1968	1969
Europa	Nadelholz	51 374	55 695	55 979	55 325	53 895	56 508	56 839	56 072	56 283	58 029	59 978
	Laubholz	12 210	12 966	13 917	14 053	14 655	15 500	15 719	16 210	16 508	16 673	17 006
UdSSR	Nadelholz	88 400	89 760	88 655	88 825	90 440	94 265	94 180	90 780	92 650	93 750	95 490
	Laubholz	15 600	15 840	15 645	15 675	15 960	16 635	16 620	16 020	16 350	16 550	16 850
Asien	Nadelholz	29 437	31 413	30 814	30 392	33 038	35 084	36 954	39 216	41 823	43 056	45 446
	Laubholz	14 456	16 390	16 750	16 911	18 644	20 876	21 117	22 252	24 082	24 861	27 537
Afrika	Nadelholz	554	644	924	797	893	1 007	1 153	1 101	1 149	1 102	1 228
	Laubholz	1 622	1 655	1 826	1 597	1 756	1 804	1 949	2 055	2 046	2 050	2 500
Nordamerika	Nadelholz	89 061	80 898	79 569	82 502	87 796	91 012	93 117	91 575	89 130	96 278	95 441
	Laubholz	16 651	15 799	15 089	15 832	16 953	18 373	18 861	19 408	18 859	17 464	19 987
Südamerika	Nadelholz	5 239	4 931	5 064	5 342	4 955	5 565	5 772	6 323	6 468	6 663	6 709
	Laubholz	6 232	6 266	6 273	6 567	6 360	6 878	6 821	7 183	7 200	7 389	7 452
Australien-Ozeanien	Nadelholz	2 280	2 340	2 155	2 122	2 219	2 469	2 502	2 486	2 341	2 415	2 495
	Laubholz	2 691	2 720	2 595	2 371	2 462	2 469	2 750	2 720	2 620	2 638	2 716
Welt	Nadelholz	266 345	265 681	263 160	265 305	273 236	285 910	290 517	287 533	289 844	301 293	306 787
	Laubholz	69 462	71 636	72 095	73 106	76 810	82 697	83 837	85 848	87 665	87 625	94 048

TABELLE 23: **Welterzeugung an Pulpmasse 1959—1969** (in 1000 t)

Land		1959	1960	1961	1962	1963	1964	1965	1966	1967	1968	1969
Europa	mechanisch	5 468	6 024	6 251	6 266	6 458	6 841	6 937	7 234	7 055	7 624	8 091
	chemisch	9 833	11 058	11 845	12 081	13 147	14 531	15 393	15 604	16 524	17 135	18 359
UdSSR	mechanisch	867	931	1 028	1 121	1 150	1 158	1 158	1 300	1 352	1 374	1 546
	chemisch	2 187	2 282	2 415	2 595	2 758	2 669	2 669	2 991	3 338	3 600	4 252
Asien	mechanisch	1 089	1 206	1 271	1 304	1 341	1 400	1 437	1 513	1 547	1 646	1 747
	chemisch	2 391	3 026	3 680	3 813	4 227	4 646	4 850	5 374	5 892	6 517	7 383
Afrika	mechanisch	3	3	23	31	31	33	64	85	91	94	96
	chemisch	84	107	130	154	296	317	516	571	640	649	658
Nordamerika	mechanisch	9 452	9 671	9 602	9 864	10 117	10 776	11 131	11 718	11 494	11 738	11 672
	chemisch	22 495	23 693	25 033	26 462	28 525	31 109	32 928	35 965	36 198	37 693	41 474
Südamerika	mechanisch	215	240	277	267	335	339	386	394	415	416	429
	chemisch	273	354	468	505	651	712	781	890	926	909	1 102
Australien-Ozeanien	mechanisch	297	300	302	312	378	415	457	428	438	457	510
	chemisch	299	282	308	325	378	415	444	488	544	557	734
Welt	mechanisch	17 393	18 375	18 754	19 165	19 810	20 962	21 570	22 672	22 392	23 349	24 091
	chemisch	37 562	40 802	43 879	45 935	49 982	54 399	57 581	61 883	64 062	67 060	73 962

Arbeitsthemen und Themen für Kurzreferate

1. Stellen Sie die Zahlenwerte der Tabellen 9—12 in Säulen- oder Kreisdiagrammen dar.
2. Das Holz und seine Verarbeitungsprodukte.
3. Die wichtigsten Holzarten Europas und ihre Verwendung.
4. Produktion und Handel von Spanplatten und Sperrholz.
5. Produktion und Handel von Nebennutzungsprodukten (Harze, Öle, Früchte etc.).
6. Vergleichen Sie die Borealen Nadelwälder und Tropischen Regenwälder im Hinblick auf ihre Naturausstattung, ihre mögliche Inwertsetzung und ihre Stellung auf dem Weltholzmarkt.
7. Brandrodungsfeldbau in Afrika. Seine Formen und die Auswirkungen auf den Wald.
8. Der kombinierte land- und forstwirtschaftliche Anbau in Afrika und Südasien (ein Vergleich).
9. Die Holzflößerei. Erarbeiten Sie die Bedeutung dieser Transportart für Schweden und Finnland.
10. Die Auswirkungen der jahrtausendelangen Waldvernichtung in China.
12. Hintergründe, Durchführung und Ergebnisse der Anlage von Schutzwaldstreifen in den USA und in der UdSSR.
13. Die wahrscheinliche Entwicklung der Forst- und Holzwirtschaft in Afrika bis 1975.
14. Vergleichen Sie die Forst- und Holzwirtschaft Schwedens und Finnlands.
15. Vergleichen Sie die Forst- und Holzwirtschaft Kanadas und der USA.
16. Erläutern Sie die Stellung der südamerikanischen Länder auf dem Weltholzmarkt.
17. Begründen Sie die Waldarmut Großbritanniens.
18. Welches sind die Gründe für die Waldarmut der norwegischen Atlantikküste?
19. Von der Waldvernichtung bis zur Verkarstung. Beschreiben Sie die Entwicklung anhand der Verhältnisse in Italien, Jugoslawien oder Griechenland.
20. Die Forst- und Holzwirtschaft des COMECON.
21. Die Stellung Japans auf dem Weltholzmarkt.
22. Vergleichen Sie die Forst- und Holzwirtschaft der BRD mit derjenigen der DDR im Hinblick auf ihre Produktivität und ihre Anteile am Weltholzhandel.
23. Die bäuerliche Waldwirtschaft in der BRD.
24. Die Entwicklung der Produktionskosten und des Holzpreises in der BRD seit dem 2. Weltkrieg.
25. Die Forst- und Holzwirtschaft der BRD in der EWG.
26. Erläutern Sie die Abhängigkeit der BRD von Holzimporten aus den Waldformationen des borealen Nadelwaldgürtels und der Tropenwälder.

Literaturhinweise

Abetz, K.: Bäuerliche Waldwirtschaft, Hamburg 1955
Bartels, D.: Die heutigen Probleme der Land- und Forstwirtschaft in der BRD. Fragenkreise Nr. 23160
Blüthgen, J.: Der skandinavische Fjällbirkenwald als Landschaftsformation. In: Petermanns Geogr. Mitteil., Bd. 104 (1960), S. 119—144
Blüthgen, J. und Windhorst, H.-W.: Methodische Betrachtungen zur Forstgeographie. In: Ber. z. Dtsch. Landesk., Bd. 44/2 (1970), S. 267—292
Boesch, H.: Vier Karten zum Problem der globalen Produktion. In: GR 1966, S. 1—4
Ehlers, E.: Das boreale Waldland in Finnland und Kanada als Siedlungs- und Wirtschaftsraum. In: Geogr. Ztschr., Bd. 55 (1967), S. 279—322

Hendinger, H.: Die schwedische Waldlandschaft. In: Hamburger Geogr. Studien, Heft 7, Hamburg 1956

dies.: Der Steigerwald in forstgeographischer Sicht. In: Mittel. der Fränk. Geogr. Gesellsch., Bd. 10 (1963), S. 176—210

Heske, F.: Größe und Verteilung der Wälder der Erde. In: Zeitschr. f. Weltforstwirtschaft, Bd. 18 (1955), S. 165—181

Hesmer, H.: Der kombinierte land- und forstwirtschaftliche Anbau. Teil I: Tropisch Afrika, Stuttgart 1966; Teil II: Tropisches und subtropisches Asien, Stuttgart 1970

Koch, W.: Vom Urwald zum Forst, Stuttgart 1957

Köstler, J.: Waldbau, Hamburg 1950

Kümmerly, W. (Hrsg.): Die Wälder der Erde, Stuttgart-Zürich-Wien 1969

Lindemann, R.: Das Problem der Waldlosigkeit der norwegischen Atlantikküste. In: Tagungsberichte u. Wiss. Abhandl. Dtsch. Geographentag Kiel 1969, Wiesbaden 1970, S. 61—72

Manshard, W.: Einführung in die Agrargeographie der Tropen, Mannheim 1968

Mantel, W.: Wald und Forst, Hamburg 1961

ders.: Der Wald in der Raumordnung. In: Raumforschung und Raumordnung, Heft 1 (1968), S. 1—10

Müller-Wille, W.: Der Niederwald im Rheinischen Schiefergebirge. In: Westf. Forsch. Bd. 1 (1938), S. 51—86

Müller-Hohenstein, K.: Die Wälder der Toskana. In: Erlanger Geogr. Arb., Heft 25, Erlangen 1969

Obst, E.: Allgemeine Wirtschafts- und Verkehrsgeographie, Berlin 1965

Schmithüsen, J.: Der Niederwald im linksrheinischen Schiefergebirge, Bonn 1934

ders.: Allgemeine Vegetationsgeographie, Berlin 1968

Sömme, A. (Hrsg.): Die nordischen Länder, Braunschweig 1967

Thünen, J. H. v.: Der isolierte Staat in Beziehung auf Landwirtschaft und Nationalökonomie, 1826 (Reprogr. Nachdruck bei der Wiss. Buchges. Darmstadt 1966)

Tichy, F.: Die Land- und Waldwirtschaftsformationen des kleinen Odenwaldes. In: Heidelberger Geogr. Arb., Heft 3, Heidelberg 1958

ders.: Die Wälder der Basilikata und die Entwaldung im 19. Jahrhundert. In: Heidelberger Geogr. Arb., Bd. 8, Heidelberg 1962

Troll, C.: Die Stellung des Waldes in den deutschen Kultur- und Wirtschaftslandschaften. In: Schriften des deutschen Forstwirtschaftsrates 1962

US Department of Agriculture (Hrsg.): Important Facts about the National Forests in California, San Francisco 1969

Weck, J.: Die Wälder der Erde, Berlin 1957

Weck, J. und Wiebecke, C.: Weltforstwirtschaft und Deutschlands Forst- und Holzwirtschaft, München 1961

Weltforstwirtschaft, Institut für (Hrsg.): Weltforstatlas, Hamburg-Reinbeck, 1951 et al.

Windhorst, H.-W.: Der Stemweder Berg. Eine forstgeographische Untersuchung. In: Spieker, Heft 19, Münster 1971 a

ders.: Der Wald der BRD im Wirtschaftsprozeß der Gegenwart. In: GR 1971 b, S. 432—437

ders.: Methodische Hinweise zur Anfertigung forstgeographischer Arbeiten. In: Geogr. Taschenb. 1970/71, S. 333—341

ders.: Wald- und Forstwirtschaft in Afrika. Ein forstgeographischer Überblick. In: Beihefte zur Geogr. Ztschrft. (in Vorbereitung)

Zenneck, W.: Der Veldensteiner Forst. In: Erlanger Geogr. Arb., Heft 11, Erlangen 1960

Publikationen der UN/FAO

European Timber Trends and Prospects. A new appraisal 1950—1975, New York 1964

Timber Trends and Prospects in Africa, Rom 1967

World Forest Inventory 1963

Yearbook of Forest Products 1969/70, Rom 1971 (erscheint jährlich)

Außerdem enthält das Statistische Jahrbuch der BRD umfangreiches Zahlenmaterial